陸軍作戦部長 田中新一

なぜ参謀は対米開戦を叫んだのか？

川田 稔

文春新書

1482

陸軍作戦部長　田中新一

なぜ参謀は対米開戦を叫んだのか？

◎目次

はじめに

田中新一（一八九三年［明治二六年］―一九七六年［昭和五一年］）は、太平洋戦争開戦前後、参謀本部作戦部長を務め、当時の日本において重要な役割を果たした。彼は、開戦を最も強硬に主張し、それを推進し、陸軍を動かしていった人物である。

同時期に作戦課員だった高山信武は、田中について、「抜群な説得力」「指導力」と「比類なき迫力」で参謀本部内外に強い影響力をもっていたと回想している（松下芳男編『田中作戦部長の証言』）。また、高山は、田中作戦部長を中心に、部下の服部卓四郎作戦課長、辻政信作戦課戦力班長の三人が、「開戦の強力な主唱者」だったとも述べている（同右）。

だが、田中には有力な対抗者がいた。一貫して日米開戦に慎重な姿勢をとっていた武藤章陸軍省軍務局長である。軍務局は軍政、予算などを担当する部局で、国防政策にも大きく関与していた。田中と武藤の二人は、しばしば陸軍の戦略をめぐって激しく対立した。

陸軍中枢にあって、対米戦回避を模索した武藤章については、前著『武藤章』（文春新書）に書いたが、現在の我々からすると、日米開戦を積極的に唱えた田中たちの論理、行動の方が、より理解するのが難しい、大きな「謎」であるように思われる。

さらにいえば、日米開戦の経緯については、これまで多くの研究がなされている。その多くは、当然のことではあろうが、「なぜアメリカとの戦争を避けることができなかったのか」という問題意識を共有している。田中のように、日米戦争を望み主導した者の視点から、日米開戦までの流れをみたものは多くない。そこにも本書の特徴のひとつがあると考えている。

対米最強硬論者として

開戦直前、日米交渉をめぐって田中は武藤と衝突した。

その時の様子を石井秋穂（当時軍務局高級課員）は次のように記している。

「けたたましいベルによって武藤から呼びつけられた私は、急いで［軍務］局長室に行った。中から鋭い大声が聞こえる。ドアーを開けると武藤と田中とが立ったまま睨み合っている。武藤は眼鏡をかけていない。さては武藤が止め役に私を呼んだんだなと直観した。田中はさすがに間が悪いのだろう。……顔を真っ赤に膨らましてつぶやきながら出て行った。」（「石井秋穂の手記」上法快男編『軍務局長武藤章回想録』）

田中が去ったあと武藤は、「アイツ［田中］との調整で精魂が尽きる。これでは何んにも出来ない」と漏らしている（同右）。二人の対立はそれほど激しかったのである。

対米開戦論の田中と慎重論の武藤との対立の原因と詳細については後述するが、田中の対米強硬論は陸軍内でも際立っており、強い影響力をもっていたのである。

後世の目で見ると、国力において格段の差があったアメリカとの戦争はいかにも無謀で非合理に思える。もちろんアメリカとの国力差は、田中をふくめ開戦時の指導者たちも認識しており、武藤のように、できうる限り対米戦を避けたいと考えるものは少なくなかった。彼らの懸念は一九四五年（昭和二〇年）の敗戦で現実となる。

太平洋戦争開戦に関わった軍人としては、東条英機や武藤章などがよく知られているが、田中こそ、開戦を最も強硬に主張し、陸軍を動かしていった人物だったのである。

では、なぜ田中は対米戦を強硬に主張したのか。本書の目的の一つは、その論理を確かめることにある。

田中は開戦前後のキーパーソンの一人であり、また当事者としての貴重な資料を多く残している。にもかかわらず、これまで田中の本格的評伝は書かれていない。

東京裁判において、慎重論の武藤はA級戦犯として死刑となり、開戦論の田中は戦犯指定を受けなかった。武藤と田中の運命の交錯も、陸軍と先の戦争を考えるうえで興味深いものがある。

まず、日米開戦前、独ソ戦直前の田中の議論をみてみよう。

一九四一年（昭和一六年）四月一六日、大島浩駐独大使から、ドイツが対英戦を行いながら、並行して対ソ開戦を企図しているとの極秘情報がもたらされた。日ソ中立条約締結の三日後である。

その後、五月一三日、坂西一良《ばんざいいちろう》ドイツ駐在陸軍武官からも、「独ソ開戦必至」を知らせる電報が届いた。

四月二三日頃、大島大使からの情報を知らされた参謀本部作戦部長の田中は、次のように考えていた。

独ソ開戦の可能性が強くなり、いずれ日本は三国同盟と日ソ中立条約との「矛盾」に直面することになる。いったんは三国同盟と日ソ中立条約の連動によって、対米牽制の効果をもちえた。だが、今や独ソ関係が危機的状況にあり、三国同盟と日ソ中立条約の連鎖は「内部崩壊」の状況にある。それゆえ対米牽制効果はもはや期待できない。また中国重慶政府に対する効果もほとんど認められない。

「独ソの関係が曲がりなりにも不可侵条約の精神を堅持しておれば、その実を期待しうるともいえようが、独ソの関係が今日の如く危局に立ち、しかも独逸《ドイツ》側が認むる如く、英米のソ連誘引が効果を挙げつつある事情を考慮に入れるならば、三国条約と中立条約の連鎖はすでに内部崩壊の状にあるといわなければならず、従ってアメリカに対する政治的効果も多くを期待し得ざるべしと思わる。従って重慶に対する効果もたいしたものと認められぬようである。」（田中新一「大東亜戦争への道程」第五巻、防衛省防衛研究所所蔵。「大東亜戦争への道程」は田中自身の当時のメモ「参謀本部第一部長田中新一中将業務日誌」をもとに、戦後、田中自身が自らまとめたもの。以下とくにことわりのない限り、田中の意見や判断はこれによる。なお、「大東亜戦争への道程」が書かれたのは敗戦後であり、戦後の視点からの改変が疑われうる。だが、内容的には、戦前に書かれたメモ「参謀本部第一部長田中新一中将業務日誌」を読みやすい文体でほぼ正確に踏襲している）

同日（四月二三日）の田中のメモ「日米会談に関する見解」には、

「米が参戦せざれば本会談［日米交渉］は相当期間継続すべき論理的根拠を有す。然れども米の参戦にして［＝アメリカの対独参戦の場合］、本会談の趣旨に副《そ》わずと認めらるる以上、本会談は一切無効となるべし。即ち日本は参戦し武力南進するの自由を獲得し得べし。」（「参謀本

部第一部長田中新一中将日誌」八分冊の三）

として、アメリカが対独参戦すれば、日本も参戦（対米戦）し、軍事力を行使して南方に進出すべきだと主張している。

この田中の主張は、独ソ開戦を前提としても、アメリカが対独参戦した場合には、対米英開戦・武力南進に踏み切るべきとの積極的対米開戦論だった。

独伊枢軸か米英親善か

しかし、一方で田中は、国策の方向性について、別の選択肢も検討している。

それは、独伊枢軸との同盟に代わって、米英との提携の可能性を考慮していたことである。

田中はこう考えていた。

日本は今、「三国枢軸」の維持か、「対米英親善」への国策転換かという国家の命運のかかる「根本問題」に直面している。もし、独伊との枢軸を脱して米英と親善関係を結べば、おそらく日中和平は成立し、その後、独伊が屈服するか、そうでなければ世界大持久戦争となる可能性がある。

だが、いずれにせよ事態が決着すれば、日本はあらためて米英ソ中による挟撃にあう危険がある。また、不介入の立場を貫く中立政策も、空想といわざるをえない。それゆえ、現時点では枢軸陣営において国策を実行するほかはない、と。

「日本が若し枢軸を脱して英米と親善関係を結ぶことになれば、おそらくは日支和平は成立し、遂に独伊の屈服もしくは世界大持久戦争の展開を見るに至るべきも、その結果として日本が改めて米英ソ支の挟撃に会う危険は決して杞憂《きゆう》とは言えず。

予［田中］は如何にしても枢軸より米英陣営に移る危険を冒すことに賛成するを得ず。又日本の中立政策への還元も空想と謂わざるを得ない。結局枢軸陣営において国策を遂行するの外なし。」（田中「大東亜戦争への道程」第五巻）

この時点であらためて独伊提携か米英提携かを問いなおしたうえで、自らの情勢判断によって独伊提携の維持を選択し、英米に敵対する方向、ひいては対米英戦の方向へと国策を引きずっていったのである。

これが、田中が太平洋戦争への道を主導した論理だった。

実際には、日本はアメリカの対独参戦を待たずに開戦することとなるが、それはアメリカの対日全面禁輸という、日本の指導部にとって思いがけない事態などが起き、武藤、田中ら陸軍の指導者たちも大きく揺れ動いた。冒頭に紹介した田中と武藤の衝突も、一九四一年（昭和一六年）一〇月一日のことである。

後に詳しく述べるように、独ソ戦は第二次世界大戦の様相を大きく変え、日本、ことに陸軍の対外戦略に大きな影響を与えた。その独ソ戦前夜、田中新一が、参謀本部作戦部長として考えていた戦略はこのようなものだった。ここから八ヶ月足らずで日米開戦となる。

その前に、本書では、太平洋戦争開戦期を中心に、彼の思想と行動を明らかにしていきたい。

作戦立案を担う

まず、田中の略歴を簡単に記しておこう。

田中は、一八九三年（明治二六年）三月、北海道釧路に生まれた。田中家は、代々越後松村藩に使える武家であったが、祖父の代に北海道に渡り、父寅五郎は釧路に定住して農業を営み、新一が生まれた。

一九〇六年（明治三九年）、仙台陸軍地方幼年学校に入学する。田中の軍人志望は、父と親交のあった北海道江部乙の屯田兵大岡大尉の影響によるものだった。

一九一三年（大正二年）、陸軍士官学校を卒業。同期に冨永恭次、武藤章らがいた。卒業後、弘前歩兵第五二連隊所属となる。その後、一九二三年（大正一二年）一一月、陸軍大学校を卒業。原隊復帰後、翌年一二月から教育総監部に勤務することとなる。一九二八年（昭和三年）から一九三一年（昭和六年）まで約三年間、ソ連、ポーランドに駐在する。ソ連のグルジアやアゼルバイジャン周辺の情報収集が主な任務であった。

帰国後、教育総監部に復帰するが、翌年（一九三二年）関東軍参謀として満州に渡る。そこで作戦参謀として石原莞爾の下につき、強い影響を受ける。石原は、陸軍大学在籍中の教官であり、満州への赴任は彼の推薦によるものだった。

一九三四年（昭和九年）、欧州視察のため、ドイツ、ポーランドに派遣される。この時、陸士同期で統制派の冨永恭次と同行することとなり、これを契機に統制派の影響下に入る。統制派については、後にふれたい。帰国後、宇都宮第五九連隊勤務をへて、一九三六年（昭和一一年）、陸軍省兵務局兵務課長となる。抜擢人事だが、その経緯は明らかでない。

翌年（一九三七年）、陸軍省軍務局軍事課長に任命される。この軍事課長期間中に日中戦争が始まり、陸軍省の政策決定において、重要な役割を果たす。第一章で詳しく述べるが、この時、田中は武藤とともに、上司である石原莞爾とも対立する。

その後、一九三九年（昭和一四年）、駐蒙軍参謀長として陸軍中央を離れるが、翌年、参謀本部作戦部長として、陸軍中央に復帰する。そして、この作戦部長在職中に、太平洋戦争開戦となるのである。その間、開戦を最も積極的に推し進めたのが田中であった。

だが、一九四二年（昭和一七年）一二月、東条首相と衝突し、南方軍総司令部付に左遷される。翌年三月、第一八師団長としてビルマに派遣されるが、在職一年半で、ビルマ方面軍参謀長となる。

一九四五年（昭和二〇年）五月、内地帰還途中に搭乗機が墜落。重傷のためサイゴン陸軍病院に収容され、そこで終戦を迎える。終戦とともに帰国するが、東京裁判では証人として出廷したのみで、戦犯指名はされなかった。

一九五五年（昭和三〇年）に、『大戦突入の真相』を出版するなどの活動を行っていたが、一九七六年（昭和五一年）九月、死去。八三歳だった。

第一章　日中戦争拡大派として

一、盧溝橋事件

田中新一が軍部で頭角をあらわすきっかけは、先述したように、統制派と呼ばれるグループに接近したことだった。後に日米開戦をめぐり激しく対立する武藤章もこのメンバーだった。

田中義一政友会内閣末期の一九二九年（昭和四年）五月、永田鉄山、小畑敏四郎、岡村寧次、東条英機らを中心に、陸軍中央の中堅幕僚グループによって、「一夕会《いっせきかい》」が結成される。一夕会は、当時陸軍を主導していた長州系を排除し、満州問題の武力解決や国家総動員体制を実現するため、陸軍の主導権を握ることを目的とした非公然組織だった。田中は、ソ連から帰国後教育総監部に所属していたが、おなじ部署の永田にさそわれ、一夕会のメンバーとなった。これが、その後、田中が陸軍中央で有力ポストにつく一つの要因となる。一夕会は、その後、小畑らの皇道派と永田らの統制派に分裂し、両派の派閥対立が激化する。その結果、一九三五年(昭和一〇年)頃、統制派が、皇道派を陸軍中央ポストから排除し、陸軍の主導権を握ることとなる。

統制派は、永田鉄山を中心に、彼の軍事戦略理論(国家総動員論)に共感する陸軍中央の若手・中堅将校によって作られた二十数名のグループで、東条英機・武藤章・冨永恭次らが主なメンバーだった。先にふれたように、田中も、欧州視察後、この統制派の影響下に入るようになったのである。

一方、少し時間を遡るが、満州事変勃発後、田中は関東軍参謀として満州に赴任する。そこで同じ一夕会員だった石原莞爾作戦主任参謀から強い影響を受ける。ことに彼の対米持久戦論は、後の田中の対米戦争論に大きな示唆を与えたようである。戦後、石原についてこう語っている。

「筆者[田中]は……彼[石原]を極めて高く評価する。というのはまず彼が……雄渾で説得力に富んだ未来像をもちつづけたことだ。それは……彼の最終戦争観に立脚している。」(田中新一「石原莞爾の世界観」『文藝春秋』一九六五年二月号)。石原が田中に与えた影響の具体的内容については後述する。

「蔣介石を叩いておかねばならない」

その後、田中は、陸軍省兵務局兵務課長をへて、一九三七年(昭和一二年)三月、軍務局軍事課長に就任する(軍務局長は後宮《うしろく》淳)。はじめて陸軍中央の枢要ポストについたのである。日中戦争直前の時期だった。この頃には、田中はすでに統制派系となっており、そのことが彼の兵務課長や軍事課長就任の軽視しえない要因だった。

田中の下で高級課員を務めた稲田正純は、戦後の回想で田中についてこう述べている。「彼は自分なりの考えをもっておりました。……やはり一見識はあったのですね。……けれども、機会主義者でしたね。機会を作って機会を利用するというそういう傾向が多分にありましたね」(『稲田正純氏談話速記録』)。この稲田の見方は、田中について一般的なものだが、「機会主義者」との評価については、これ以後の田中の動きを見ていく上で興味深い指摘といえる。

その直後の三月上旬、参謀本部は、南京駐在武官と支那駐屯軍参謀を帰国させ、現地の情勢判断を聞き取った。その内容を田中は次のように纏めている。

蔣介石の「抗日政策」は不変の根本方針とみるべきであり、日ソ戦となった場合、「支那の連ソ参戦」は避け難い。蔣介石政権の「抗日政策」は「満州恢復」まで不変の政策として継続するであろう。もし日ソ戦争となった場合に蔣介石政権がソ連側に立って参戦しないよう、あらかじめ蔣政権との関係を調整しておかなければならない。その見込みがない場合は、「対支一撃」を加えて蔣政権の基盤を叩いておかねばならない（田中新一「支那事変記録」其一、防衛省防衛研究所所蔵。「支那事変記録」は「大東亜戦争への道程」と同様、田中のメモ「参謀本部第一部長田中新一中将業務日誌」をもとに、戦後自らまとめたもの。以下、本章では、とくに断りのない限り、田中の意見や判断はこれによる）。

一九三七年四月下旬、田中は、「支那」は英ソの財政的技術的援助によって、やがて軍備・国防力において日本を凌ぐものになるのではないか、との危惧を示している（同右）。ここで彼が、中国が弱いから叩くのではなく、手強い敵になるかもしれないから叩いておく必要がある、としているのが興味深い。

六月一四日、田中は、石原莞爾作戦部長から盧溝橋付近の情勢に留意するようにとの連絡を受け、部下の岡本清福《きよとみ》軍事課高級課員を現地に派遣した。

当初、田中は元部下の岩畔豪雄《いわくろひでお》兵務課員を使おうと考えたようである。岩畔は、後に陸軍中野学校の設立や日米交渉に関わるなど、諜報部門を得意とする異色の軍人だった。田中は、岩畔に「北支に事件が起こるような傾向があるのだが、お前ひとつ行って見て来てくれないか」と指示したが、岩畔は岡本が適任ではないかとして辞退している（岩畔豪雄『昭和陸軍謀略秘史』)。

そして同年七月八日、盧溝橋における「日支兵」の衝突事件が陸軍省に伝えられた(田中「支那事件記録」其一)。前日夜に起こった盧溝橋事件である。

石原莞爾と対立

知らせを受けた石原作戦部長は、「事態不拡大、現地解決」の方針を示し、現地の支那駐屯軍に事件の拡大防止、武力行使回避を指示した。当時、参謀本部を統括していた今井清参謀次長は病床にあり、石原作戦部長が実質的に陸軍軍令部門の最高責任者だった(参謀総長は皇族の閑院宮載仁親王《かんいんのみやことひと》で、シンボル的存在に過ぎなかった)。

事件勃発当初の陸軍中央は混乱し騒然たるものだった。その中で、軍事課長だった田中と武藤章作戦課長は、石原とは異なった判断をしていた。

すなわち、南京政府は「全面戦」を企図している可能性もあり、この事態には「力」をもって対処するほか方法はない。それには「北支」の兵力を増強し、状況に応じて機を失せず「一撃」を加える。そう両者は意見一致したのである。

「盧溝橋事件勃発当初における軍中央部の方針は相当に混乱した状態にあった。……その騒然たる中で……両課長［武藤作戦課長、田中軍事課長］の考えはいずれも『事態は楽観を許さない。これに対処するには力を以てするほか方法はない。それには北支における我が兵力を増強し、状況に応じては機を失せず一撃を加える。そうすることによってのみ事態を収拾できる』という考え方に立ったものであった。」（田中「支那事変記録」其一）

そのような判断の下に、二人は、内地三個師団、飛行機一八個中隊を現地に急派することで意見が一致した。先に記したように、田中と武藤は陸士同期で、一時ともに教育総監部に所属しており、親しい関係にあった（二人とも一夕会員）。なお、田中は、この時、「来るべきものが遂に来た」との見方をしている（同右）。

この二人について岩畔は「武藤氏が強かったというのは、軍事課長の田中新一が強いほう［主戦派］であった。この二人が同期ですからね。それで二人でやったわけですね。これは重大な点であったと思いますね」と証言している（岩畔『昭和陸軍謀略秘史』）。

同日、近衛文麿内閣は、「不拡大、現地解決」の方針を決定した。

だが、陸軍中央では、七月一〇日、武藤・田中の意見を容れ、内地三個師団などの華北派遣を決める。

一一日、内閣も、内地三個師団の動員実施は現地状況によるとの留保をつけ、陸軍案を承認した。

ちなみに、田中は、盧溝橋事件の約一ヶ月前、五月二七日の段階で、対中国政策について次のように判断していた。

「日支衝突の事前防止工作の為、支那側の危険なる政策を直ちに全面的に停止せしむるか。若しくは某《なにがしかの》程度停止せしむるか。さもなければ全面的戦闘を覚悟しなければならない。」（田中「支那事変記録」其二）

日中衝突の危険があり、状況によっては全面戦争となる可能性も念頭に置いていたのである。

事件直後の「来るべきものが遂に来た」との田中の判断は、このような見方からきている。

閣議で陸軍の派兵案が承認された七月一一日、現地で停戦協定が成立した。事態の沈静化を望む石原作戦部長は安堵した。だが、武藤ら作戦課は、中国側現地軍責任者の謝罪や罷免《ひめん》など厳しい要求を突きつけるべきだと主張。田中も、内地師団の動員は、この種の抗日紛争の「根源」を取り除き、華北五省の中央政府からの分離など従来からの「北支政策の遂行推進」のためのものでなければならない、との対中強硬姿勢だった。

また田中は、「支那側」の態度は誠意を欠くものであり、情勢は今や全面戦争の境目に迫ってきているとの判断だった（同右）。

一方、近衛首相について、これほど大騒ぎをして挙国一致を煽りながら盧溝橋事件の解決だけでは物足らない。「挙国一致体制」確立の好機なれば、この機会に多年の「対支懸案」を片付けていきたいと考えているのではないかと、その胸中を推測している。そのような近衛の姿勢に対して、田中は、「緊迫する事態の収拾」がむしろ閑却せられる傾きがある、と批判的だった（同右）。

七月一七日、参謀本部作戦課から軍事課に連絡があった。そこで武藤ら作戦課は、現地が平静になる見込みがあっても内地三師団の動員を実行し、必ず一撃を加えるべきだとしていた（師団はいくつかの連隊からなり、約一万五〇〇〇―二万人で編制される）。だが、石原作戦部長はそれに同意していなかった。

この作戦課案について、三個師団動員実施は現地状況によるとの留保をつけた閣議決定を念頭に置いていた軍事課は、その動員実施案に驚いたが、作戦当局の要請を尊重して同意した。

この時、武藤作戦課長は、たとえ「北支」が平静化しても動員を敢行し、「北支」の国民党軍に打撃を加え、類似事件の続発を防止することに重点を置いていた。だが、石原作戦部長は、事態を沈静化することに主眼を置き、「時局の早期収束」を図るべきだとの立場だった（同右）。

石原、北支からの撤退を主張

同日（一九三七年七月一七日）、杉山元《はじめ》陸相、梅津美治郎《よしじろう》次官ら陸軍省首脳は、武藤と連携していた田中ら軍事課の働きかけもあり、武藤らの作戦課案を支持。石原と彼らの間で厳しい議論が交わされた。

だが石原自身も、交渉の遷延《せんえん》は中国中央軍北上の時間稼ぎではないかとの疑念を払拭できず、ついに作戦課案に同意した。現地軍と居留民の安全に不安をもっていたからである。

また、その日、作戦課案をもとに回答期限を七月一九日に変更した陸軍中央案が、五相会議（首相、蔵相、外相、陸相、海相）に提案され了承された。

一方、石原は杉山陸相を訪れ、梅津次官、田中軍事課長同席の場で、次のように華北からの撤兵を主張した。

本年度の動員計画師団数は三〇個師団である。そのうち「支那に用いうる師団数」は一五個師団である。このような兵力では広大な中国において、とうてい「対支全面戦争」は不可能だ。しかしこのままでは戦争は、スペインにおけるナポレオン軍と同様、「底なし沼」にはまり、「破滅の基となる危険」が大である。このさい思い切って「北支」にある日本軍全部を一挙に山海関まで下げる。そして近衛首相自ら、南京に飛び、蔣介石と膝づめで「日支問題」の根本的解決を図るべきである、と。

これに対して梅津次官が、それは近衛首相に相談し、彼の自信を確かめたのか、「北支の権益」はどうするのか、満州国はそれで安定するのか、と反問した(同右)。

だが、結局、杉山陸相、梅津次官は、石原の主張を受け入れず、事態は推移していく。これ以前、石原案は近衛に伝えられ、近衛自身一時興味を示したが、最終的には動かなかった(『牧野伸顕日記』)。

軍事課長として、この議論の場にいた田中は、次のような意見を残している。

不拡大方針を貫徹するには、「一切の動員派兵」を取りやめるしかない。そうなれば「支那駐屯軍」は山海関方面へ後退する外ない。そうすれば「石原流の不拡大主義」は徹底する。しかし、そのような判断は、単なる軍事問題ではなく国策の問題である。統帥部の一存で決しうるものではない。今や不拡大に徹して総権益を棄てるか、権益擁護のため不拡大を放棄するか、まさに「二者択一の関頭《かんとう》」に立たされている。不拡大方針の徹底は「日本の全面的の総敗北」を結果する、と(田中「支那事変記録」其一)。

田中は、日本の権益保持のため、不拡大方針を棄てるべきだというのである。

「不拡大主義は完全に行き詰まった」

一方、現地では、停戦協定の回答期限最終日の一九日、日本側の強硬姿勢に、宋哲元ら中国側（第二九軍）は日本側要求を大部分受け入れ、協定の細目が調印された。

しかし、南京の国民政府は、一九日、現地協定は中央政府の承認を要す、として現地における協定細目の有効性を事実上拒否。紛争解決のため、国際公法による「仲裁裁判所」への提訴も示唆した。また、蔣介石が二日前（一七日）におこなった「最後の関頭」に至った場合は抗戦するとの「廬山談話」が公表された。

それにより、二〇日、石原をふくめ参謀本部は武力行使を決定。閣議も内地師団の派遣を承認した。

ところが、二一日、現地視察に派遣されていた陸軍調査団が帰国。現地中国側は一九日調印の協定細目を次々に実行に移しつつあり、兵力増援の必要はないとの報告をおこなった。また、支那駐屯軍参謀長からも同様の電信が届いた。

これをうけ、二二日、陸軍中央は、急遽《きゅうきょ》、内地師団派遣を見合わせることを決定した。

この時、参謀本部では、内地師団派遣中止を主張する石原と、派遣実施をせまる武藤との間で激論となった。

田中はこの時のことを、こう記録している。

「意見の食い違いは参謀本部内で深刻化してきた。第一部長［石原作戦部長］と第三課長［武

藤作戦課長」の間では、動員、派兵および武力行使の問題をめぐって鋭く対立していた。」（同右）

武藤はこの時田中に、次のような趣旨を述べている。

石原部長の考えは「猫の目」のように変転して全く捕まえどころがない。部長のように「夢」みたいなことを考えていては、結局は益々深みにはいるばかりだ。自分は現実的に「当面の事態」を処理する（同右）。

ただ、この時は陸軍中央の決定として、石原らの意見で内地師団派遣は見合わされた。

このように、二二日、陸軍中央では内地師団の増派は中止された。

だが、その後、宋哲元ら中国側現地軍が強硬姿勢となり、二五日に北京郊外の廊坊で、翌日、北京の広安門で日中の部隊が衝突（廊坊事件、広安門事件）。ついに、二六日夜（二七日午前）、石原も、「徹底的に膺懲《ようちょう》せらるべし」との指示を日本側現地軍に送った。「もう内地師団を動員するしかない。遷延は一切の破滅だ」と判断したのである（同右）。

そして、翌日、陸軍中央は内地三個師団の派遣などを決定した。

この時の石原の様子について、田中は、次のように回想している。

「七月二十七日は重大な日だった。この日の［午前］深夜、軍事課長室に寝泊りしていた筆者に石原作戦部長――彼も作戦部長室に泊っていた――から電話だ。彼は強い口調で、戦火が廊坊や広安門にまで発展しては仕方がない、居留民保護と現地軍自衛のため既定の三個師団動員を進めたいという。翌日杉山陸相から閣議の承認をえて兵力動員となった。」（田中新一「石原莞爾の世界観」）

田中は、このような事態の推移について、次のように述べている。

石原作戦部長の失望は、「悲惨」というほかない。石原は日中間の紛争の拡大を阻止しようとしていた。だが、不拡大主義は完全に行き詰まった。武藤ら作戦課は、「一撃で支那側に手をあげさせる」と考えている。「北支」に対する強圧で事件を早期に終結させる方法をとろうとしている。我々軍事課もだいたい同意見で、相当の兵力行使なしでは早期解決の道はないとみている。全面戦争は望まないが、「強力かつ短切なる武力の行使」が必要であり、「支那の不法を膺懲すべき新段階」に入った（田中「支那事変記録」其二）。

こうして、田中軍事課長と武藤作戦課長の連繋のもと、陸軍省は武力行使による事態拡大の方向に、参謀本部もまた、石原作戦部長の意向を押し切って、同様な方向に進んでいくことになる。

陸軍の決定をうけ、近衛内閣は、緊急閣議を開催して動員実施を承認した。

同日、陸軍中央は、支那駐屯軍司令官に、「平津地方［北京天津地域］の支那軍を膺懲して、同地方主要各地の安定に任ずべし」との命令を発した。

翌二八日、現地の日本軍は、陸軍中央からの軍命令に従って、総攻撃を開始。こうして日中戦争は始まったのである。

二、華北総攻撃から上海事変へ

一九三七年（昭和一二年）七月二八日、日本側現地軍の華北での総攻撃が開始され、翌二九日には、北京天津地域をほぼ制圧した（中国側損害死者約五千余、日本側死者百数十など）。この時、石原ら参謀本部は、なお不拡大方針を維持すべく、軍事行動を北京天津地域の制圧に限定し、作戦範囲を北京天津南西の保定《ほてい》—独流鎮の線以北とするよう指示していた。また、事態収拾の条件として、中国における日本の一切の政治的権益（華北特殊権益、陸海軍の駐兵権、租界など）を返還する。そして中国側に満州国を承認させる。そう考えていた。

この頃、田中は、次のような状況判断をしていた。

平津地区掃討作戦は成功したが、事変の将来については、「深刻なる考慮」が必要だ。作戦は一応所期の目的を達したが、「南京の抗戦意志」を動揺させることができず、「対日抗戦意志」を固めさせた。事件不拡大、現地解決の機会は失われ、全面戦争化する危険が濃化している。

石原ら参謀本部の意見は、「支那戦線」に用いうる兵力は、最大一五個師団であり、このような小兵力では、中国の広大な戦線に対応できず、「泥沼的長期戦争」にはまり込む危険がある。したがって、「支那大陸から兵を徹して国防本来の姿勢に返すべき」である、というものである。具体的には、国民政府軍を永定河以南、南口以遠に駆逐し、平津地区の全日本軍部隊を山海関の国境地帯に後退させる。他方、近衛首相自ら南京に乗り込み、蔣介石と「事変の速決」を図ろうというのである。

これに対して梅津次官ら陸軍省首脳部は、平津地区の邦人の生命・財産・権益は、同地区の放棄によってどうなるのか、満州国の存立に支障はないのか、国民政府の「革命外交」が、満鉄奪還、旅大（旅順と大連）還付にまで飛躍しないか、との疑問を示した。また近衛首相が身を挺して南京に行くことはありえない、ともみていた。

したがって田中は、国策として、「不拡大に徹して、日本の総権益を棄てるか、権益擁護のため不拡大を放棄するか」、二者択一の「関頭」に立っていると判断していた。（田中「支那事変記録」其二）。

今や対中全面戦争は避けられず

八月二日、武藤作戦課長と田中軍事課長は懇談し、今や対中全面戦争は避けられないとの見方で一致した。必ずしも「一撃」で中国側を屈服させることは出来ないと判断していたのである。

したがって、二人は、動員可能な一五個師団をすべて対中戦線正面に使用する場合を想定して準備を進めようとしていた。彼等はソ連の介入は、その国内事情から一一月頃まではありえないと考えており、対ソ戦用の作戦資材の中国戦線への投入も考慮していた。

田中の記録によれば、二人はこうみていた。現有作戦資材ことに貯蔵弾薬量については、一五個師団に対して八ヶ月の補給力がある。小銃については一五個師団分の補給は軍需動員四ヶ月半で可能。小銃以外の重機・火砲一五個師団分は、軍需動員七ヶ月で補給可能となる、と。一応計算上は長期戦となる場合も考慮に入れていたのである。

なお、田中軍事課長は、一五師団を半年間動員した場合、その費用として、総計一九億円（現在の約四兆円）が必要になると判断していた。内訳は、動員費五億、維持費六億、補給資材関係費八億とされている。

ただ、中国軍は「装備劣悪」で、それとの戦闘では、このような想定よりも必要作戦資材はもっと少ないレベルになるとの見方もしていた（同右）。

このように参謀本部作戦中枢において、石原作戦部長の方針に武藤作戦課長が強硬に反対し、陸軍省中枢ラインでも、梅津次官や田中軍事課長が石原案に強い批判をもっていた。

そのような状況のなかで、なお石原は、戦線を北京天津地域に限定し、南京国民政府との外交交渉によって事態を収拾しようとしていた。

たとえば石原は、七月末から外務省や海軍に働きかけ、国民政府側との停戦交渉の可能性を追求しようとした。外務省、海軍とも石原らの働きかけに応じ、首相、陸相、海相、外相の了解のもと、在華日本紡績同業会理事の船津辰一郎に中国側との接触を依頼した（船津工作）。八月上旬、船津は上海で国民政府高官と接触するが、上海での情勢が悪化し、それ以上は進展しなかった。

海軍も派兵を要請

八月九日、上海で、日本海軍の大山勇夫《いさお》中尉ら特別陸戦隊員二名が中国保安隊に射殺される事件が起き（大山事件）、当地でも緊張が高まった。上海の日本人居留民は約三万で、それを保護する海軍陸戦隊の兵力は約四〇〇〇にすぎなかった。

翌一〇日、近衛内閣は、米内光政海相の提議で上海居留民の現地保護の方針を確認し、そのための陸軍部隊の派遣準備を決定した。杉山陸相も陸軍派兵を了承していた。

石原作戦部長は、杉山陸相の要請に対して、派兵は華北だけに止めなければ全面戦争となるおそれがあるとして、陸軍部隊の派遣に反対した。上海、青島の方面は海軍が担当すべきだとの意見だった。陸軍派兵を必要とする現地保護ではなく、居留民の引き揚げを考えていたものと思われる（青島方面の日本人居留民は約二万）。

しかし、田中の認識では、陸海軍統帥部の協定で、上海・青島の居留民については現地保護とし、陸軍部隊を派遣することは既決のことだった。また閣議でも、米内海相から陸軍部隊の動員派兵が要請され、現地保護の方針が確認された（田中「支那事変記録」其二）。つまり海軍も派兵を望んだのである。

なお、日本政府は、一方では居留民の引き揚げをはじめた。華北での日本軍総攻撃開始の七月二八日、揚子江沿岸の在留邦人（約三万）にたいし引き揚げを勧告し、上海では共同租界への退避を指示した。彼等は八月一九日までに逐次帰国し、上海には約一万人が止まることとなる。

武藤作戦課長は、陸海軍が一致して中国軍に徹底的に打撃を与えなければならないとして、派兵に積極的だった。「暴虐」な中国を「膺懲」するには、「生ぬるい」ことでは効果がない。「あらゆる手段を尽くしてやる」との姿勢だった（「嶋田繁太郎大将備忘録」、防衛省防衛研究所所蔵）。

石原は、上海方面の中国軍の防御態勢が強化されているとして、その面からも派兵に難色を示した。ことに陸軍が上陸地点として最も重視していた上海黄浦江《こうほこう》河口の呉淞鎮《ごしょうちん》方面では、中国側の戦備が進捗し作戦が著しく困難になっていると判断していた。

また、かねてから石原は出兵は「北支のみ」に限定し、青島や上海には出兵してはいけないとしていた。これにたいして武藤は、「多数の居留民を有する青島、上海を全然保護せぬことが出来るかどうか疑問」だと考えていた（武藤章『比島から巣鴨へ』）。

しかし、中国側が上海方面に兵力を増強するなか、海軍からの強い要請に石原も折れ、やむなく派兵を了承した。そして八月一三日の閣議で、陸軍三個師団の派兵が決定された。

中国軍の頑強な抗戦

同日夜、上海の日中両軍は交戦状態に入った。翌一四日朝、中国空軍が上海の日本艦隊および陸戦隊を爆撃。日本側も、一四日、一五日の二日間、南京、杭州、南昌などの中国空軍基地に渡洋爆撃をおこなった。いわゆる第二次上海事変が始まったのである（第一次は満州事変期）。

この頃田中は、上海での中国軍の動きについて、「公々然、上海に兵力を集中し……兵力禁止区域に堂々支那軍の進駐が行われて」いるとして警戒していた（田中「支那事変記録」其二）。

八月一五日、近衛内閣は、「支那軍の暴戻《ぼうれい》を膺懲」し、もって南京政府の反省をうながすため、「断固たる処置」をとるとの声明（暴支膺懲声明）を発表。事変処理の目的を、それまでの局地的な事件処理から、「排外抗日運動」を根絶し、「日満支三国間の融和提携」を実現することに拡大した。

また、一三日に派兵が決定された三個師団のうちの二個師団で上海派遣軍を編成。残る一個師団は青島に派遣されることになった。二日後の一七日には、米内海相主導で「不拡大方針を放棄する」との閣議決定がなされた。海軍は、事変勃発以来、一貫して不拡大方針を維持していたが、この時点で、不拡大方針の放棄に踏み切ったのである。

さらに、陸軍では、一五個師団の中国への投入を検討していた。これは当時の動員可能兵力の限界だった。参謀本部作戦課は、「思い切った動員」により強力な「圧迫」を加えることが「事変の早期解決の唯一の道」だ、と判断しており、そのためには、動員可能な全師団を投入する必要があると考えていた。田中も、「対ソ関係」を考慮すれば、「一種の冒険」だとみていたが、作戦課の方針を認め、そのための予算上の措置をとっている（同右）。

一方、中国側は、日本軍の華北での総攻撃によって、全面抗戦に踏み切った。

七月一九日、蔣介石は「最後の関頭」に至ったとして、対日抗戦を決意。上海大山事件後の八月一二日、蔣介石の陸海軍三軍の総司令官就任が決定され、彼をトップとする軍事委員会が抗戦の最高統帥部とされた。一四日、国民政府は抗日自衛を宣言。一五日には全国総動員令が下され、二〇日、日中間の国交が断絶した。

蔣介石は、世界が注目する国際都市上海での対日抗戦を重視し、精鋭部隊を中心に上海周辺への兵力の増強を図った。八月二〇日頃には、上海方面の中国中央軍は一五個師団（三〇万前後）に達していた。

他方、中国国民政府は、八月二一日、ソ連との提携を意図して中ソ不可侵条約を締結。一〇月、ソ連の対中武器援助が開始され、翌年からソ連による対中借款《しやつかん》供与、本格的武器・軍需物資援助、軍事顧問団派遣がはじまる。

また、国民党と共産党との連携交渉も進められ、九月二三日には、第二次国共合作（第一次は北伐前の一九二四年）が正式に成立する。

この中ソ不可侵条約の締結について、田中によると、参謀本部情報部ではこう考えていた。ソ連が極東に武力介入することはない。ソ連の本意は、「日本を支那大陸の長期消耗戦に引きずり込む」ことにある。また、「支那敗退せば、日本は極東ソ連領に侵攻する虞《おそれ》」があり、そのことを警戒している、と（同右）。

上海では、海軍陸戦隊が優勢な中国軍によって苦戦するなか、八月二三日、上海派遣軍約六万が、上海北部近郊に上陸した（二個師団基幹、松井石根《まついいわね》軍司令官）。

だが、中国軍は、重火機装備のトーチカを多数配置した強力な防御陣地を重層的に築き、縦横に走るクリーク（水濠《すいごう》）を利用して頑強に抗戦。日本軍は苦戦に陥った。上海近郊に張り巡らされたトーチカ陣地は、ファルケンハウゼン指揮のドイツ軍事顧問団の援助によって築かれたものだった。

中国側は、上海近郊を首都防衛の重点地域として、中央直系の精鋭部隊を中核とした兵力を集中させていたのである。上海派遣軍は激烈な反撃を受け、損害が続出した。戦場は、双方の機械化兵器による殺戮と白兵戦が入り乱れ、極めて凄惨な状況となった。

日本側も戦車隊を投入したが、クリークの多い地形に阻まれて、ほとんど威力を発揮できなかった。

その後も中国軍の兵力投入は続き、一〇月頃には最大七〇万に達したとされている。兵力禁止区域にも国民政府軍の精鋭部隊が配置され、先にふれた田中の危惧する状況となっていたのである。

中国の情勢分析を担当する情報部支那課では、かねてから華北分離工作を進めていた関係から、政治、経済、外交関連の情報収集に主力を注いでいた。それゆえ中国の軍事上の情報収集・分析が手薄になっていたのである。

日本軍死傷者数は、戦闘が始まった八月中旬から、上海付近での戦闘が一応収束する一一月上旬までで、約四万人（うち戦死約一万人）を超えることとなる。

近衛内閣は、このような上海での戦闘の激化によって、八月二四日、青島では居留民の現地保護をおこなわない方針に転換した。

九月四日、近衛首相の施政演説がおこなわれた。それについて田中は、「不拡大主義」を放棄し、「積極的かつ全面的な軍事行動に転移」したものと、評価している。ただ、戦争の目的は「国民政府の反省」を促すものであり、「支那民族の征服」を目的とするものではないとの意見だった。

同じ頃、田中は、「聖戦の目的」は、当面、国民政府の反省を促すことにあり、「支那民族の全面的征服」を意図するものではない。「支那政府を翻意」せしめ、「米英の東亜における策謀」を封殺しなければならない。そのためには「武力」による外はなく、「戦争力の拡充強化」は至上命令だ、と自らの意見を残している（同右）。

石原作戦部長の更迭

一方、満州の関東軍は、盧溝橋事件が起こると、まもなく内蒙古察哈爾《チヤハル》省などにおける兵力行使を軍中央に強く要請した。参謀本部はそれを認めなかったが、関東軍部隊の一部は制止を押し切って、八月五日から察哈爾省内の多倫《ドロン》・張北に進出。九日、参謀本部はやむなく察哈爾作戦の実施を関東軍に命じた。

関東軍は、東条英機参謀長の直接指揮のもと本格的に察哈爾省に侵入。八月二七日、察哈爾省都の張家口《ちょうかこう》を占領した。その後も関東軍は、綏遠《すいえん》省・山西省方面に進撃を続け、華北での作戦を北京天津地域に限定しようとした石原らの当初の意図は、この方面から崩れた。ちなみに、東条と武藤は、ともに永田直系の統制派グループに属し、互いに連携して動いていた。

華北では、八月三一日に、従来の四個師団に、青島派遣予定の一個師団、内地から追加派遣された三個師団をあわせて、北支那方面軍が編成された。青島派兵は、八月二四日に近衛内閣が青島居留民の引き揚げ方針を決め、取り止められていた。

この頃、田中は、華北の察哈爾・綏遠地区での作戦について、その目的は「外蒙・ソ連に対する防共親日の大障壁地帯」を作り、「総合的な北支作戦」によって、「蔣介石の戦争意志の挫折」を図ることにある、としている。それには「対支大長期戦の覚悟」が必要であり、それに「国の運命」がかかっている、との考えだった。

また、国内では、右翼勢力による反英反ソ運動が動き始めており、田中は、それが「対支和平」を困難にするおそれがある、として神経をとがらせている（同右）。

なお、八月二五日、近衛内閣の五相会議で宣戦布告はおこなわないことが決定された（五相会議メンバーは、近衛文麿首相・杉山元陸相・米内光政海相・広田弘毅外相・賀屋興宣《かやおきのり》蔵相）。おもにアメリカの中立法の発動を回避するためだった。日本は戦争遂行に必要な機械類や戦略物資の多くをアメリカからの輸入によっていたが、中立法は交戦国へのそれらの輸出を禁じていたからである。

中国側もアメリカの援助を期待しており、中立法への配慮から宣戦布告をおこなわなかった。なお、近衛内閣は、九月二日、華北・上海での対中戦闘の本格化を受けて、それまでの「北支事変」を改め、「支那事変」と呼称することを閣議決定した。政府レベルでも、対中全面戦争へ突入したと判断されたのである。さらに、議会閉会後の一〇月、内閣資源局と企画庁が統合され、戦時統制と物資動員計画を立案する機関として、企画院が設置された。

一方、北支那方面軍が、戦争の早期終結のため、河北省中部の保定付近で中国軍に大打撃をあたえることを作戦目的として編成された。そのため、相当数の戦車・航空機が華北の戦場に投入されることとなった。

この保定作戦は九月中旬から本格化する。だが、中国軍は主力決戦を回避して退避戦術をとったため、戦車・航空機の集中的な投入にもかかわらず、中国軍に決定的な打撃を与えることはできなかった。

一方、九月二七日、石原作戦部長が更迭《こうてつ》され、関東軍参謀副長として満州に転出する。実質的には武藤・田中ら統制派系の勢力により、辞任に追い込まれたといえるものだった。これにより陸軍における石原の直接の影響力はほとんど消失したといえよう。

「漢民族の征服・統治の第一歩」を踏み出す

さて、一九三七年九月二〇日、武藤ら作戦課は、新たな作戦計画を策定し、参謀本部で決定された。これは一〇月上旬に、華北、上海両面において、動員限界に近い一三―一四個師団でほぼ同時に中国側に大きな打撃を与え、その屈服を図ろうとするものだった。対ソ危機(ソ連の軍事介入)の時期を一一月頃と想定し、それに備えるためである。

だが、一〇月の華北上海同時攻勢作戦は、結局、予定通りには実施されなかった。

北支那方面軍は、保定・滄州《そうしゅう》の攻略後、一〇月攻勢によって中国軍主力を一挙に殲滅《せんめつ》しようとした。だが、河北省南部の石家荘《せっかそう》攻略と、山西省北部の太原《たいげん》攻略に兵力を分散することとなり、華北の中国軍主力を捕捉殲滅することはできなかった。

上海でも、上海派遣軍五個師団では国民政府軍精鋭部隊の頑強な抵抗を破砕できず、むしろ苦戦に陥っていた。

田中は、上海における国民政府軍の強固な「抗戦意志」は、国民党の「苛烈なる督戦組織」

によると認識していた。それにより、戦線で後退すれば「銃殺刑」に処せられ、兵士は「身を捨てて」死地に入ることを覚悟せざるをえない。それが上海での日本軍の苦戦の要因の一つだとみていた。また、日本軍の現地での銃砲・弾薬の不足も軽視しえない要因だと指摘している（田中「支那事変記録」其三）。

このころ華北や上海周辺の戦場や日本軍の占領地域で、暴行や略奪が横行していた。田中は、その原因について、「補給の停滞」から第一線の兵士が「飢餓欠乏」の状態に陥っているからだと記している。日本兵の中国での略奪や暴行の横行について、その原因が補給の問題であることを、陸軍中央も認識していたといえよう（同右）。

田中はこの段階で、日中戦争の性格について、次のように述べている。

「支那事変を契機として、大和民族は事実上漢民族の征服・統治の第一歩を踏み出したるものにして、元・清のそれとも比較し未曾有の難事業に取り組みつつあるという現実を深く認識する必要がある。」（同右）

つまり、日中戦争は、中国の征服に乗り出すものであり、元や清の中国支配に比肩するものだというのである。前に紹介したように、九月初めの段階では、田中は、「聖戦の目的」は

「支那民族の全面的征服」ではない、としていた。一ヶ月ほどのうちに、田中はよりアグレッシブな見方に変わっている。この点、田中が「機会主義者」と呼ばれるゆえんであろう。状況に応じて、意見を変える、別のロジックを構築する。逆に言えば、それが田中の軍事官僚としての高い能力だったともいえる。

これは、日中戦争を華北分離工作の延長線上のものであり、その主な目的を中国の資源確保と市場支配に置いている武藤ら統制派の考えとは異なるものであった。この点は注目すべきことだろう。

ただ田中も、中国征服の前段階として、各地に自治政府を作り、それを相互に提携させて親日的な「連省政府」を樹立することを考えていた。

また田中は、日中戦争を「反共の聖戦」とも位置付けており、イデオロギーとして強い反共意識をもっていた。「大和民族」は、「世界史的意義における反共の第一線」に立っているとの認識だった。しかしそれは、必ずしも列強諸国のような「国内的必要」(社会主義政党などへの対抗)によるものではなく、軍事的な対ソ警戒感(対外的必要)によるものだった。そこから「対ソ戦準備」のための軍備拡張を強く主張していた(同右)。

杭州湾上陸作戦

一方、武藤作戦課長は、上海での戦闘激化以前、山東方面に新たな部隊を上陸させ、北支那派遣軍とともに、華北の中国軍主力を南北から挟撃することを主張していた。しかし石原の後任となった下村定《さだむ》作戦部長は上海方面の戦闘を重視し、その後、武藤も上海の状況をこのままにはできないと考えるようになる。

そこで武藤は、上海南方の杭州湾《こうしゅうわん》への上陸作戦によって中国軍の背後を突くことを上申。さらに自ら華北に出むき、北支那方面軍と交渉し、方面軍から二個師団を上海作戦に投入することを実現させた。また、国内から二個師団を上海派遣のために動員した。

そして一〇月末、上海派遣軍と杭州湾上陸軍などで中支那方面軍が編成された。その任務は、北支那方面軍と同様、中国軍に打撃を与えて抗戦意志を挫き、戦争終結の機会をつかむことにあった。

これにより、中国での主戦場は華北から上海へと転換された。

この時、武藤は、自ら希望して中支那方面軍参謀副長となり、陸軍中央から転出する。後任の作戦課長には、河辺虎四郎《とらしろう》戦争指導課長が就いた。

一一月五日から始まった杭州湾上陸作戦は成功し、背後に脅威を受けることとなった上海付近の中国軍は、ついに総退却を余儀なくされた。

最重要視していた防御線を突破された南京政府は、一一月二〇日、内陸深部にある四川省重慶への遷都を決定し、なお抗戦継続の意志を示した。上海作戦は戦術的には成功したが、南京国民政府の戦争意志を挫折させるという、当初の戦略目標の達成には失敗したのである。

この間、田中は、内蒙問題について、「蒙古人による蒙古建国」を認めるべきであり、「内蒙軍」の建設が必要だと主張している。それを日本軍の支援下に置き、内蒙を「防共連盟」の一環とすべきだとの考えだった。のちに田中は駐蒙軍参謀長となるが、この頃の内蒙への関心がそこで生かされることとなる(同右)。

また、日中戦争の現段階について、近い将来においては「日支問題の根本的解決」は見込みがなく、当面の事態収拾を図るべきだと、田中はみていた(田中「支那事変記録」其四)。

なお当時、大本営を政治と軍事にわたる戦争最高指導機構にすべきとの意見があったが、田中は、それには反対だった。政治による「統帥控制《こうせい》」の可能性を警戒し、純然たる軍事指導機構にすべきとの意見だった(同右)。

止まらない戦域拡大

中国では、参謀本部は戦域を限定する方針だったが、華北では、北支那方面軍と関東軍によって戦線が拡大し、戦争は華北全体に広がった。また華中でも、上海付近を制圧後、中支那方面軍は中国軍の退路を遮断するため追撃を求めた。参謀本部は作戦地域を蘇州―嘉興《かこう》の線以東に制限した。だが、中支那方面軍首脳は南京への追撃を強く主張した。

この頃、中支那方面軍参謀副長だった武藤は、作戦打ち合わせのため上海にきた河辺作戦課長に対して、「南京を取ったら蔣介石は手をあげる」と、南京攻略を主張している（河辺虎四郎『河辺虎四郎回想録―市ヶ谷台から市ヶ谷台へ』）。かつて日中戦争開始直後、武藤は、一撃を加えるが、「南京を取ろうということは考えていない」と述べていた。しかし、この時点では、一撃ではとうてい中国側を屈服させることはできず、首都南京を攻略する必要があると考えるようになっていたのである。このように田中も、武藤も、中国が強く容易に屈服させることができないために、かえって積極的に対中作戦をエスカレートさせていったといえる。

それに対して、河辺作戦課長や多田駿《はやお》参謀次長は、作戦地域の拡大、南京攻略には反対で、参謀本部内において制限線の撤廃、さらには南京攻略をめぐって激論となった。だが、中支那方面軍の強い要求と、それに呼応する田中軍事課長ら中央幕僚多数の意見によって、参謀本部も押し切られ、一一月二四日、ついに南京攻略を容認した。

この頃、田中は、蔣介石の長期抗戦は外国の支援によるところが大きいとみており、対英・仏・伊・独・チェコ工作によって対蔣支援を停止させることが切要だとしている。またソ連は、自国に対する鋭鋒をそらすため「日支抗争の長期化」を画策しているとみており、その兵備増強を警戒していた。

また、上海近辺での戦闘について、統帥部の作戦指導における「初期大失敗」が、長期持久戦となった原因だとみていた。責任は、過度に「政治的考慮」にとらわれ「軍事的作戦要求」を軽視した統帥部にあるとして、石原の指導下にあった参謀本部に批判的だった（田中「支那事変記録」其四）。

こうした石原に対する批判の一方で、戦後の回想などでも明らかなように、田中の政戦略は石原の影響を強く受けたものだった。それについては後の章であらためて述べたい。

三、上海から南京へ

日中戦争が泥沼化していったターニングポイントの一つとして、南京陥落以降の和平工作の失敗がよく挙げられる。ここで和平を主張する参謀本部に対して、むしろ近衛、広田ら内閣が強硬論を主張し、陸軍省もそれを後押ししたこともよく知られている。

この時、田中は陸軍省軍務局の軍事課長だった。この間、田中はどう考え、行動していたかを見てみよう。

一九三七年（昭和一二年）一二月三日から、中支那方面軍の各部隊は南京への進撃を開始した。日本軍は南京近郊の中国軍防衛線を激しい戦闘のすえ突破し、一三日、南京を占領した

（国民政府は重慶に遷都）。

だが、内陸侵攻の事前準備がほとんどなされていなかったため、兵站補給が不十分で、現地での食料・物資の略奪が多発。また、その過程で、戦闘で抗戦した中国兵のみならず、敗残兵・捕虜・民間人が多数殺害された（南京事件）。前にもふれたが、これは、かねてから田中が危惧していた事態だった。

南京陥落後、日本軍によって中華民国臨時政府が樹立されたが、同時に対中講和問題が議論となった。この点について田中は、休戦講和に焦ることは結局「支那側の術中に陥る」として慎重な姿勢だった。状況は、早期講和か長期戦突入かの重大な時期にきている。だが、早期講和には、政府の掲げる「対支戦争の目的」が達成されたとの明確な根拠を必要とする。もし講和休戦後に「支那軍の反撃攻勢」があれば、陸軍は進退に窮することになる。そう田中はみていた（同右）。

トラウトマン工作への期待と警戒

前にも述べたように、南京攻略前、多田参謀次長や河辺作戦課長らは南京攻略に反対した。それには政治的な背景があった。当時、駐華ドイツ大使トラウトマンを仲介とする、南京政府との和平工作（トラウトマン工作）がおこなわれていた。河辺や多田は、首都攻略前の和平成立が望ましいとの考えから、トラウトマン工作に期待をよせていたのである。

上海での戦闘が困難を極めていた頃の一〇月一日、近衛内閣は、首相・外相・陸相・海相による四相会議で、一定の講和条件を定め、戦争の早期解決を図ることを申し合わせた。その条件は、華北・上海における非武装地帯の設定、満州国承認、日中防共協定、華北での鉄道・鉱業その他の日中合弁事業の承認（資源確保）などだった。

この和平条件をもとに、広田外務大臣は諸外国による日中間の和平斡旋を受け入れる旨を明らかにし、ドイツがこれに応じた。

一一月初旬、広田はドイツ側に、四相会議で申し合わせた和平条件を示し、トラウトマン駐華大使が直接それを蔣介石に伝えた。

しかし、蔣介石は提示された条件を拒否した。当時、ベルギー・ブリュッセルで九ヵ国条約会議が開催されており、蔣介石は、その結果（対日制裁）に期待していた。しかし会議では日本への非難決議は採択されたが、具体的な対日制裁は決定されず、無期限休会となった。

このようななか、一二月初旬、トラウトマンと会談した蔣介石は、領土・主権の保全を前提に、日本側提案の和平条件を話し合いの基礎として受け入れることを示唆した。日本軍が上海付近の最重要防御線を突破して南京に迫る、という苦境のなかでの反応だった。

このことは、南京占領直前に日本政府に伝えられたが、南京占領後の一二月二一日、近衛内閣は、和平条件をより厳しいものに変更することを決定した。

それは、先の条件のほか、華北・内蒙古における自治政権の樹立、華中占領地域の非武装地帯化、華北・内蒙古・華中への保障駐兵、賠償金要求などを加えたものだった。これらは、軍部（陸軍省）というより、近衛首相、広田外相ら政府主導といってよいものだった。

こうした日本側の和平条件は、南京国民政府としてはとうてい容認しえないもので、翌年（一九三八年）一月一三日、日本側にあらためて要求細目の確認を求めた。提示された条件は「漠然たるもの」で必ずしも明瞭ではなく、「詳細承知したし」との趣旨のものだった。

田中は、前にも述べたように「休戦講和に焦ることは結局支那側の術中に陥ること」になると考え、トラウトマンを介しての和平交渉に入ることにも警戒的だった（同右）。

この頃、田中は、中国戦域における日本軍の「軍紀風紀」の現状について、「強姦・掠奪」が絶えない状況であり、これは「皇軍の重大汚点」だとして、再び軍紀の厳格化を強調している。この軍紀の頽廃については、その後もたびたび言及し、「破局的な悲劇」に至る危険を警告している（同右）。しかし、これら軍紀の頽廃は、もともとは補給をふくめ準備不足に起因するものでもあり、軍事課長である田中もその責任を免れるものではなかった。

この間、参謀本部の河辺作戦課長や多田参謀次長らは、南京が陥落しても蔣介石政権が崩壊することはないと判断していた。彼らは、対ソ戦備への考慮から戦争の長期化を回避すべきだとして、当初の比較的寛大な条件での講和を主張した。
だが、近衛内閣や陸軍省は、南京陥落後における蔣介石政権の弱体化を予想し、講和条件の拡大や交渉自体の打ち切りを主張した。

交渉打ち切りが決定

一九三七年一二月下旬から翌年（一九三八年）一月中旬にかけて、大本営政府連絡会議で、和戦をめぐって議論がかさねられた。

杭州湾上陸後の一一月下旬、近衛首相の提案によって、戦時・事変の統帥機関である大本営が設置され、同時に、大本営と内閣による大本営政府連絡会議が設けられていた。これが国家レベルでの事実上の最高指導機関だった。なお統一的戦争指導機関としての大本営設置そのものは陸軍部内でも早くから議論されていた（戦争指導課「北支事変業務日誌」）。

その大本営政府連絡会議で、参謀本部の代表者多田参謀次長は、河辺作戦課長らのサポートを受けながら、和平の必要を繰り返し説いた（参謀総長は皇族の閑院宮で、慣行として政策決定には関与せず）。だが、杉山陸相のみならず、近衛首相、広田外相らも強硬論で、多田は孤立に近い状態にあった（風見章「手記・第一次近衛内閣時代」『風見章日記・関係資料』。風見は、近衛内閣の書記官長として大本営政府連絡会議に出席）。

ちなみに、当時、陸軍省中枢ラインは、杉山陸相、梅津次官、町尻量基《かずもと》軍務局長、田中新一軍事課長で構成されていた。町尻、田中はともに一夕会員で、石原転出後に軍務局長となった町尻は、実務の中核である田中軍事課長の意見を基本的に尊重するスタンスをとっていた。したがって、不拡大派だった柴山兼四郎《けんしろう》軍務課長の存在は影が薄く、陸軍省内では対中強硬論の田中軍事課長が強い影響力をもっていた。こうした背景から、杉山陸相は連絡会議で強硬論を主張していた。

日本側が設定した最終回答の期限である一九三八年（昭和一三年）一月一五日、大本営政府連絡会議が開かれた。近衛首相、杉山陸相、広田外相ら内閣は、中国側からの一三日の和平条件細目の照会を、事実上の拒否回答だとして、交渉打ち切りを主張した。

前日の閣議でも、交渉打ち切りで意見一致していた。ただこの閣議には多田参謀次長も出席しており、彼は「支那側に和平の意図あり」として、交渉打ち切りには反対した（田中「支那事変記録」其四）。田中の記録によると、この時、多田に対して、「文官閣僚側」から、あくまで参謀本部が反対することは結局「政府不信任」を表示するものとして「内閣総辞職を考えねばならぬ」との発言がなされている（同右）。

一五日の大本営政府連絡会議では、大勢が交渉打ち切りに傾くなか、多田参謀次長は、「なお尽くすべき手段が残りあり」として、強硬に打ち切り反対の意見陳述をおこなった。だが、米内海相が、「判定は外務大臣の責任」であり、「打ち切りの外はあるまい」として近衛らを支援するかたちで内閣総辞職の可能性に言及し、やむなく多田も打ち切りを黙認することとした(「多田駿手記」『軍事史学』第二四巻第二号)。

こうして、交渉打ち切りが事実上決定された。またこの日の閣議で「国民政府を相手にせざるという新たなる態度」を決定した(田中「支那事変記録」其四)。

この頃、近衛らは、参謀本部が対ソ戦を意図して、日中戦争を早期に収拾しようとしているのではないかと疑っていた(近衛文麿「講和問題に関する所信」『現代史資料』第九巻)。

だが、多田や河辺らは、日中戦争を収束させ、対ソ戦備充実に精力を注ぐことを欲していたが、積極的な対ソ侵攻を考えていたわけではなかった。

外務省提案による「近衛声明」

一九三八年一月一六日、近衛首相は、「帝国政府は爾後《じご》国民政府を対手《あいて》とせず」、真に提携するにたる「新興支那政権」の成立発展を期待する、との声明を発表した。南京国民政府を公式に否認し、それとは異なる親日政権樹立の意志を示唆したものだった。トラウトマン工作は打ち切られ、これ以後日本軍は、出口のない長期戦の泥沼に入っていくことになる。

この声明の背景として、統帥部と政府との「対支判断の差」があると田中はみていた。統帥部は、「対支長期戦」は結局日本の「存亡」をかけなければならないと判断しているのに対して、内閣は、事変を甘くみて「満州事変なみ」にとらえているというのである。田中は中国を事実上日本の支配下に置くべきだと考えており、参謀本部・近衛内閣の両者に対して批判的なスタンスだった。

なお、参謀本部の「和平意見」にたいして、近衛首相が「今さら和平をやってはいかぬ」、「そんなことでは……自分の政治生命はなくなる」と発言したことを記録に残している（田中「支那事変記録」其四）。

また田中によれば、この近衛声明は外務省事務当局の提案になるものだった。外務省は、和平への希望よりは「戦争長期化の諦め」に陥り、「日支関係の根本的解決」は当面困難だと判断している。国民政府をソ連および米英の「傀儡《かいらい》政権」とし、この種の政府と「東亜の問題」を相共に議することはできないとの意見だ。それゆえ、外務省は長期戦の見通しから「百年」かかっても「新興支那」を再建し「日支関係」を根本的に調整すべきと考えている、と田中はみていた。

このような外務省の姿勢に対して、田中は、そのような外務省の考える「大業」が「現在の日本の実力と国際環境」のもとで実現可能かどうかを危ぶんでいる（同右）。そして彼自身の意見として、そのような「大業」を成し遂げるには、当面「日満支を一体とする国防国家建設」が至上命令だという（田中「支那事変記録」其五）。

「日支関係の根本的解決」には、「日満支」が一体化した「国防国家」の建設が必要だというのである。つまり、対中戦の目標は外務省と重なるが、そのためにはより強力な軍事体制が必要だというのが田中の議論だった。それは結局は、陸軍の拡大にもつながることになる。

日本を中心とした「新東洋の建設」

前年の一九三七年一二月、イタリアが国際連盟を脱退し、一九三八年三月一三日、ドイツがオーストリアを併合した。

このような状況をうけて、田中は「世界は新たなる動乱期に入りつつある」として、日本も「如何なる国際情勢にも対応しうる国防体制を樹立」することが急務だとしている。また、一九四一年（昭和一六年）までに「日ソ開戦」が予想され、それに対処するため、「国家戦時体制の整備」を促進する必要があると主張する。当時ドイツとチェコの関係が悪化していたが、田中は、それが「独ソ戦の新たなる契機」となるのではないかと、独ソ戦の可能性を早くもこの段階で指摘している（同右）。

そして、一九三八年四月には、国家総動員法、電力管理法などが制定され、本格的な戦争長期化と将来の国家総力戦をにらんだ体制整備が進められる（なお、前年［一九三七年］一〇月には、国家総動員体制の整備にむけ内閣直属の企画院が創設された)。

この頃、田中は、「新たなる恒久国策」が必要だとして、こう述べている。「日本の恒久国策は、新東洋の建設を基本方針とし、それに適応したる世界秩序を再建し、その秩序内における日本の地位の安定化にありとすべく、国防国策の目標はここに設定されるべきなり」と(同右)。東アジアに日本を中心とする新たな体制を建設し、それに適合的な世界秩序を作り上げようというのである。それがこの時期の田中の国家戦略であった。

一九三八年五月には、国家総動員法の最初の発動として、工場事業場管理令が公布・施行された。これ以後、軍需物資の生産・流通への統制のみならず、国民生活への国家統制が実施されていく。当時すでに工業生産力を超える兵力動員となっており、軍需生産のため民需が切り詰められ、一九四一年四月から生活必需品の配給がはじまる。太平洋戦争開戦以前から早くも、物資の不足が生活必需品にまで及んできていたのである。

なお、近衛声明の前年(一九三七年)一二月、華北占領地域に現地軍による傀儡政権として北京に「中華民国臨時政府」が設立されていた(同時期、内蒙古には「蒙疆《もうきょう》連合委員会」を樹立)。そして近衛声明後の三月には、華中占領地域でも南京に「中華民国維新政府」が設立される。

ところで、一九三八年一月一六日の近衛声明は、中国のみならず国際社会に対する姿勢においても、軽視しえない意味をもっていた。

当時の東アジア国際秩序をなすワシントン体制において、中国の領土保全・門戸開放に関する九ヵ国条約が、重要な位置を占めていた。そして、国際社会の承認を受けている中国の正統な政権として、一九二〇年代末以降、南京国民政府が前提にされていた。その国民政府を、日本は事実上否定し、新たな中央政府成立を求めることを表明したのである。

このことは、従来の東アジア国際秩序のあり方とは異なるスタンスに立つことを示唆していた。それが、のちの東亜新秩序声明へと繋がっていく。

石原が危惧した長期の持久戦に

さて、南京占領後、現地軍は華中北部の要衝《ようしょう》である徐州付近の中国軍主力を撃滅するため、徐州作戦を立案した。華北と華中の占領地域をつなげ、徐州付近の中国軍を南北から挟撃して壊滅させることを目的とした。

しかし、河辺ら作戦課は戦面不拡大の方針で、徐州作戦を認めず、下村の後任の橋本群《ぐん》作戦部長も作戦課の考えに同調した。現地軍は、中支那方面軍参謀副長となっていた武藤章を上京させるなど、執拗に徐州作戦の必要を主張したが、作戦部は同意しなかった。

だが、一九三八年三月、河辺作戦課長が更迭され、後任には稲田《いなだ》正純《まさずみ》軍事課高級課員が就いた。稲田は、軍事課において拡大派の田中軍事課長の影響を受けており、作戦課長として徐州作戦を承認した。

こうして、不拡大派の核であった河辺の更迭によって、陸軍省・参謀本部ともに、実務の中枢を拡大派が占めることとなった。これによって、田中ら拡大派が、陸軍中央において強い影響力をもつことになる。

四月上旬、大本営は徐州作戦を発動した。この頃武藤は、徐州作戦で中国軍主力を捕捉殲滅できれば、戦争終結の機会をつかむことができるかも知れないと考えていた（武藤『比島から巣鴨へ』）。徐州作戦開始後、局地的には凄惨な激しい戦闘がおこなわれたが、中国側は決戦を回避して退却。五月上旬、日本軍は徐州を占領するが、中国軍主力に決定的な打撃を与えることはできず、作戦目的は果たされなかった。

さらに、現地軍および陸軍中央は、約三〇万を動員して、華中揚子江中流域の要衝・漢口（武漢）と、華南の中核交易都市・広州（広東）の攻略を実施した。漢口には、一時国民政府の主要機関が置かれており、広州は、国民政府への主要援助ルートである香港ルートの物資輸送拠点だった。両都市の攻略によって中国主要都市の実質的支配が達成され、軍事的に事変を解決することができると考えられていた。

一〇月下旬、日本軍は漢口・広州を占領した。だが、すでに内陸奥地の重慶に拠点を移していた蔣介石ら国民政府の抗戦意志は固く、軍事力によって国民政府を屈服させる見通しはほとんどなくなった。

一九三八年七月末時点で、日本陸軍は全三四個師団から三二師団を大陸に派遣し、本土には二個師団を残すだけになっていた。しかも大陸に派遣された兵力（ピーク時には約一〇〇万）の多くは、占領地の治安維持のために配置せざるをえなかった。それゆえ、漢口・広州占領以後、広大な残余地域において、積極的な攻撃作戦を主任務とする野戦軍は、漢口付近に拠点を置く第一一軍（七個師団余、兵力約二〇万）のみだった。

当時、現地軍の要職にあった武藤章は、日本軍の統治は、都市や鉄道、主要道路など「線の支配」にとどまり、「面」として制しているわけではなかった、と回想している（同右）。

こうして、日本側が当初意図していた日中戦争の早期解決の可能性は、ほとんど失われることとなった。石原が危惧した長期の持久戦となってきたのである。

一九三八年（昭和一三年）一二月初旬、陸軍中央は、新しい戦争指導方針を決定した。当分の間、現占領地の治安維持に主眼を置き、そこでの治安回復と残存抗日勢力の取締に力を傾注する。新たな占領地の拡大は行なわず、中国軍の攻撃には反撃を加えるが、不用意な線面の拡大は避ける、との内容だった。

これは、それまでの中国側の抗戦意志を挫折させ、戦争終結の機会をつかむとの作戦目的を変更し、長期持久の観点から占領地統治の安定化に重点を移すものだった。これに田中も同意していた。これ以後、長期持久の方針が基本的には維持される。

そのような持久戦体制下、戦略的には、重慶など内陸部の要衝都市と内陸部に至る蔣介石政権を支援する援蔣《えんしょう》ルートの遮断を目的とした、航空機による波状的な空爆が重視され、実行された。

石原系が一掃される

その間、一九三八年六月、近衛首相の強い意向で杉山陸相が辞任し、石原莞爾と親しい板垣征四郎が陸相となった。しかし、それはかえって石原の影響力を排除する方向に向かった。板垣の陸相就任直前に、梅津次官にかわって東条英機が次官となったのだが、田中によれば、東条の次官就任は梅津が企図したものだった。板垣は石原を次官に望んでいたが、それを阻止するため、先手を打って東条を次官に据えたのである。梅津は、軍紀を乱す者として石原を嫌悪していた。その後、東条の主導で石原系の柴山軍務課長が更迭され、後任には統制派系の影佐《かげさ》禎昭《さだあき》が就いた（田中「支那事変記録」其五）。これにより陸軍中央から石原系が一掃され、統制派系の主導権がほぼ確立したのである。

同月、田中は、漢口攻略作戦により日中和平を実現するには、先の「国民政府を対手とせず」との首相声明を「修正」すべきだと指摘している。「日支提携に志す支那人との提携」は当然であり、そのことを明らかにする声明を発表することが望ましいと考えていたのである（同右）。

また田中は、「大陸持久戦略態勢」を確立せねばならず、そのためには「戦争をもって戦争を養う自給自足の態勢を樹立」する必要があるとする（田中「支那事変記録」其六）。これは持久戦に陥った場合の、かねてからの石原の主張であり、この点に石原の影響をみることができる。

これまで主張してきた日中戦争拡大による早期解決が不可能とみるや、すぐに次の戦略を提示することが、田中の戦略家としての役どころでもあった。

さらに「南方施策」について、海南島に手をつけるべきではなく、「南支謀略」を強化すべきだと主張する。海軍は「南方に戦域を拡大する傾向」にあり、そのことは英米仏の介入を招き、「破局に陥る危険」があると警告している。この時点での田中は、「ソ支二正面作戦」は極力回避するとともに、「南進を抑制」し、「英米との衝突」は絶対に避けなければならないとのスタンスだった。そして北方の安全確保のために、ドイツの「対ソ圧力」を利用すべきとしている（同右）。

対中国戦略については、武漢・漢口作戦によって、なしうる限りの軍事的成果を収め、「広範なる和平攻勢」によって、事変を一応「中断」に導き、「新たなる日支協力関係」を建設すべきだという。その「理念」には、欧米の影響を排除する「アジア・モンロー主義」ともいうべき「原則」が考えられていた（同右）。

アメリカについて田中は、「米国は日本の極東における覇権確立を喜ばざる」なり、とし、一般的な「反ファッショ熱」などからして、「反日の大勢」が激成されているとみていた。そしてアメリカの対日政策は、一貫して日本の「東亜における覇権の確立」を妨げることにあると述べている（同右）。

欧州情勢については、「ファッショ対反ファッショ」の対立抗争が激化しており、そこに独伊との提携の可能性があると、田中はみていた。またファッショ的国家と反ファッショ国家との「国際戦争化」の可能性が大きいと判断していた。ただ独伊は、「有色人種の大帝国」がアジアに出現することを喜ばないだろうとしている。独伊との提携を望みながら、彼らが日本のアジア支配を容認しないのではないかと危惧していたのである（同右）。

日本の極東制覇を目指しつつ、それが欧米のどこからも容認されない現実を、田中は認識していたといえる。

兵器工業部門への偏重を問題視

同年八月、日独伊防共協定強化問題が起こるが、田中はこの時と同様のスタンスで対処しようとしている（同右）。

ソ連について田中は、対日反攻の可能性があり、対ソ軍備の強化を強く主張していた。具体的には、四年後の一九四二年の日ソ開戦を予想し、対ソ軍備の充実とそれを支える生産力拡充計画を推し進めるべきだとしている。したがって、七月一一日に起こった張鼓峰事件については、「対ソ静謐《せいひつ》化」につとめ、「犯さず犯されず」を原則として収拾すべきとの考えだった（同右）。

この頃（一九三八年八月）、田中は、国内の産業構造の問題に憂慮していた。日中戦争や対ソ戦準備の要請からして、軍需工場を「飛躍的に」発展させねばならないが、あまりにも「兵器工業部門」に偏しており、そのことが「基礎産業部門の総合的拡充を掣肘《せいちゅう》」し、その結果「軍需生産自体が停滞」していると考えていた。この産業構造の脆弱性を克服するには、「国家総動員を発動」することによって、各産業部門間の「跛行的《はこうてき》発展を是正」する必要があると指摘している。軍事偏重がかえって産業を停滞させるという問題意識をもっていたのである。

当時、国内では近衛内閣による国民精神総動員運動が行われていたが、それについて田中も、「国家の安全」を維持するため、「国民生存」のため、国民が、そこで説かれているような「覚悟と心構え」なくしては、「長期持久戦争」は戦い抜けないとして、積極的な態度だった（同右）。

田中のみるところ、「国家総動員法の全面的発動」は、「国民経済の脆弱性を打開」する機動力となり、国民経済を健全な方向で発展させ、「国民経済の自給自足性を充実」させる。それを支えるのが、田中がかねてから主張していた「日満支生産力拡充」政策であった（同右）。ただ、田中は、満州に鮎川義介率いる日産コンツェルンなどを誘い込んだ石原や政界との連携を重視した武藤とは異なり、産業構造の改変を計画、実行する民間の協力者をもたなかった。

ワシントン体制に対抗

この頃、陸軍内において「日支新関係調整方針」が検討されていた。その要旨は次のような内容だった。

まず、日中提携のため、華北・内蒙古に日本軍の駐兵を認めること。その駐兵地域の鉄道・航空・通信・主要港湾水路への監督権などは日本側がもつこと。華北・内蒙古の資源について日本側に特別の便宜を供与すること。また、日中の経済提携を進めるため、日中間に妥当な関税制度を採用するなど両国間の通商を振興し、ことに華中での日本の新たな経済的特殊権益を認めること。これらが中国側への中心的な要求とされていた。

そのほか、新中国の政治形態は、現行の国民政府のような中央集権的なものではなく、「分治合作主義」すなわち自治政権の連合体とすること。さらに、その他の地域でも特定の資源については日本に必要な便宜を供与すること。そのうえで、事変中の日本側の損害を賠償することを求めていた。

そして、日中提携により、第三国の中国における経済活動や権益が「制限」されることは当然だとしていた（防衛庁防衛研修所戦史室『支那事変陸軍作戦』第二巻）。

これらは、華北・内蒙古の資源確保とそのための駐兵、中国全域での経済権益の拡大を主眼とするもので、また、列国の中国権益や経済活動の制限をも含んでいた。その意味で、従来のワシントン体制における主権尊重・機会均等の原則に、明らかに対抗する内容をもつ政策だった。

これまでの日本外交は、満州事変、日中戦争を起こしながらも、原則としては東アジアにおける列国の既得権益尊重、すなわち既存のパワーバランスを損ねない、という立場を取ってきた。これを根本的に修正するものといえた。

これについて田中は、「アジア・モンロー主義に由来」するものであり、「支那の半植民地状態を打破」するためのものだと位置づけていた。「アジア諸民族は歴史的な被植民地状態から解放され」なければならず、「アジアのことはアジア新体制の手で解決」しなければならない。

この「調整方針」は、その「第一着手」になるとみていた。したがって田中は、これを御前会議によって「国策化」する必要があると考えていた（田中「支那事変記録」其七）。そして彼の意図どおり、一一月三〇日、「日支新関係調整方針」が御前会議決定となる。

一〇月下旬、日本軍は、漢口・広州を占領した。その直前の九月、田中は、今後、日中戦争が「英米事変」すなわち英米との戦争に「変質」していくことを警戒していた。日中間の戦争は、「南漸して英米と事を構うるに至る」蓋然性《がいぜんせい》が高く、「野放しにすれば遂に収拾しがたきに至る」と判断していたのである。田中は事態がそのような方向に進んでいくことを警戒しており、華南に海軍基地を作ろうとする海軍の動きを、英米を刺激するとして批判的にみていた。

このような事態に対処するには、「対支問題」を早期に解決するとともに、対ソ防衛のための戦備を充実し、日本が「アジアの安定勢力」となるほかなく、それが日本の「歴史的使命」だと考えていた。したがって、そのための「方策」は、先にも触れた「日満支を連ぬる総動員体制の確立」にあるとしている（同右）。

一二月、近衛内閣は、陸軍が主張する興亜院の創設を決定した。それは対中国政策を一元化するための内閣直属の機関だった。これに宇垣一成《かずしげ》外相は、対中外交から外務省を排除することになるとして反対の意向をしめした。だが、近衛は宇垣の反対にもかかわらず、陸軍サイドに立って創設を認めた。この過程で、宇垣は陸軍軍人が対中政策を壟断《ろうだん》するものだとして反発し、ついに辞任した。

この件について田中は、そもそも「対支機構一元化の構想」は、陸軍省部の事務当局が検討していた。それまでの四相会議による中国政策指導では実際的には機能不全に陥っており、対支機構の一元化は「当然至極」であり時宜にかなった「実際的措置」だという。したがって宇垣の辞任についても「動機不純」であり、「やむをえず」とみていた。そして近衛内閣を今後とも「極力支持すべき」だとの姿勢だった(同右)。

日独伊同盟を「英国への牽制力」に

一九三八年一〇月の漢口攻略後、英・米・仏などによる「支那事変調停説」が流布された。これについて田中は、いずれ英仏の「実力干渉」になるとして「警戒を要す」との意見だった。むしろ英仏を対象とする「日独伊同盟」を結べば、「英国に対する大なる牽制力」となると考えていた。

当時、日独伊防共協定強化問題が議論になっていた。従来の防共協定は、ソ連を対象とするものだったが、ドイツから対象をイギリスにも広げたいとの提案があり、近衛内閣はその提案について意見が一致しなかった。

だが、田中は早くも直接英・仏を対象とする日独伊間の同盟に踏み出すことを企図していたのである。彼は、事変の終結には、「イギリスの介入の意志」を放棄させる必要があり、その「唯一の方法」は、「日独同盟」の政治的効果によってイギリスを極東から締め出すことだと考えていた。

しかも、ミュンヘン会談など激変する欧州情勢にともなって、反日姿勢を強めつつあるアメリカがイギリスに接近しているとして、日本に対する英米提携の動きを警戒していた。またソ連に対しては、軍備を充実し「武力中心の実力的施策」によって対処すべきだとの意見だった(同右)。

「東亜新秩序」声明の発表

一一月、近衛内閣は「東亜新秩序」声明を発表した。そこでは、第一に、この征戦の「究極の目的」は、日本・満州・中国による「東亜新秩序建設」にある。第二に、国民政府といえども、従来の反日政策を放棄し、その人的構成を一新するなら、新秩序建設への参加を拒まない、とされている。

この東亜新秩序声明は、国際社会に対する基本的スタンスの変更を示すもので、重要な意味をもっていた。それまで日中戦争は、中国側の排日行為に対する自衛行動とされてきた。それが東亜新秩序の建設を目的とするものと新たに位置づけられた。

これ以前、政府や外務省は、主権尊重・門戸開放・機会均等などの原則は尊重したうえで、その解釈や適用について国際社会と見解を異にすると主張してきていた。それが、ここではそれを変更し、それらの原則そのものに問題があるとされている。これは、中国の領土保全・門戸開放を定めた九ヵ国条約などを軸とするワシントン体制の原則を事実上否定するものだった。そして、東亜新秩序声明は、それにかわる新しい東アジア国際秩序を作り上げようとする姿勢を示したのである。この転換は、陸軍が作成した「日支新関係調整方針」と完全に重なり合うものだった。

この声明について田中は、こう論評している。蔣介石政権はすでに「地方政権化」しており、それが「抗日容共」であるかぎり、これを「殲滅」し、「徹底打撃」を与える決意を表明したものである。また、「征戦［対中戦争］の究極目的」が「東亜の新秩序の建設」にあることを明らかにした。これは「戦争目的の転換」を示すことにほかならない。従来は「列国の権益尊重」を表明してきたが、これからは列国権益への対処を「自主化」することを明らかにしている、と。そして、これまでの内閣の態度とは「次元を異にする画期的国策」の表明だと、高く評価した（同右）。

この東亜新秩序声明ののち近衛首相は、談話を発表し、「東亜新秩序」における日中提携の具体的内容を明らかにした。それは、「東亜」の保全、中国における関係列国との協力、独伊と共通の世界観に立つ世界秩序の建設、世界における不均衡な現状の打破などを含むものだった。

一一月三〇日、御前会議で「日支新関係調整方針」が決定された。その内容は先の陸軍案のままだった。田中は、これについて、新方針は、「日支相互の抗争」より「高次元」な「東亜意識」に根ざしたものであり、国家間の対立抗争の代わりに「政治・経済・国防上の相互緊密関係」を築き上げようとするものだと評価している（田中「支那事変記録」其四）。

一二月三日、近衛は、汪精衛《おうせいえい》（汪兆銘）の重慶脱出に呼応するかたちで首相談話を発表した。その基調は「更生新支那との関係調整」であり、その根本方針は「日満支三国の共同目標たる東亜新秩序の建設」にあった。これについて田中は、「東亜新秩序体制」に「満支」両国を動員することによって国際情勢に対応しうる「国防国家体制」を完成することを狙ったものである。また、汪精衛の脱出に期待するとともに、「国民政府破壊の謀略的企図」をもつものだとみていた（田中「支那事変記録」其八）。

当時、欧州では、ラインラント進駐後オーストリアを併合したナチス・ドイツが、ヴェルサイユ体制を打破し「ヨーロッパ新秩序」を打ち立てる、と鼓吹していた。近衛の東亜新秩序論は、この影響を受け、東アジアでもワシントン体制に代わるものとして提起されたといえよう。

一九三九年（昭和一四年）一月、日独伊防共協定強化問題での閣内不一致で近衛内閣が総辞職する。後継の平沼騏一郎内閣も、意見一致に至らず、同年八月、独ソ不可侵条約の締結を契機に総辞職する。その間に、五月、ノモンハン事件が起こり、翌六月には、日本軍が天津英仏租界を封鎖し、対英関係が極度に緊張する。この事件をきっかけに、アメリカがイギリス支援のため、日米通商航海条約の破棄を通告した。日本にとっては思いがけないことだった。

この時期の田中は、アジアにおいて欧米の干渉を排し、日本を中心とした「新秩序」を建設するという構想を、近衛内閣と共有していたといえる。また長期持久戦体制は、「長年月の戦争により、良く工業の独立を完うし国力を充実」させよと説く石原莞爾の影響を受けたものだった。

第二章　第二次世界大戦の開始と日米諒解案

一、参謀本部作戦部長就任まで

一九三九年（昭和一四年）九月一日、ドイツがポーランドに侵攻。九月三日、イギリス、フランスがドイツに宣戦布告した。こうして第二次世界大戦が始まる。この直前、独ソ不可侵条約が結ばれ、それまで敵対していたドイツとソ連が提携関係となった。

田中は、一九三九年の二月に駐蒙軍参謀長として大陸に転出し、陸軍中央から離れていた。駐蒙軍司令部は張家口にあった。翌年（一九四〇年）八月、参謀本部付となり、独伊軍事視察団の副団長として渡欧。そこでドイツのポーランド・フランス侵攻を目撃し、その「赫々《かくかく》たる戦果」に衝撃を受けている（松下編『田中作戦部長の証言』）。この経験が後のドイツへの強い期待を裏打ちするものとなった。

つまり田中は一九四〇年（昭和一五年）一〇月に参謀本部作戦部長に就任するまでの一年八ヶ月、陸軍中央から離れていた。しかし、その間も陸軍では大きな決定がなされていた。日本では、一九四〇年六月中旬、第二次世界大戦に対処するため、陸軍省軍務局において、武藤章軍務局長を中心に「綜合国策十年計画」を作成する。その主な内容は、次のようなものだった。

第一に、基本的な国策として、大東亜協同経済圏を建設し、国力の充実を図る。第二に、国策遂行のため、陸海軍の軍備を充実する。第三に、日中戦争を早期に解決し、両国の経済提携により重要産業を開発する。第四に、強固なる政治指導力を確立し、全国的国民総動員組織を作り上げる（日本国際政治学会太平洋戦争原因研究部編『太平洋戦争への道　開戦外交史』別巻資料編。以下、とくに断りのない限り、国策関係の重要文書は同資料編による）。

ここで「大東亜協同経済圏」とされているものは、後の「大東亜共栄圏」につながるもので、日本・満州・中国のみならず東南アジアを含めるものだった。そこでは主に中国のみならず、東南アジアの資源に注目し、資源の自給自足が目指されていた。

東南アジアから獲得すべき必要資源は、石油、生ゴム、鉄、錫《すず》、ニッケル、燐《りん》、ボーキサイト（アルミニウム原料）などだった。石油は、軍艦・戦車・航空機燃料として、生ゴム、ボーキサイトは軍用自動車・航空機生産などに不可欠な原料として、必須のものであった。だが帝国内や中国大陸ではほとんど産出しえない資源であり、インドシナ半島、インドネシアなどからの確保が考えられていた。例えば、石油、ボーキサイト、錫は、オランダ領東インド（インドネシア）に、鉄はイギリス領マレーに、生ゴムは東南アジア全域に、大量に埋蔵もしくは生育していた。ただ、当時、東南アジアは、タイを除いて、すべて欧米列強の植民地となっていた。

また、全国的国民総動員組織とは、国家総動員体制建設の基礎組織となるもので、強固なる政治指導力とは、それをリードする一種の独裁的な政党が念頭におかれていた。

この「綜合国策十年計画」は、陸軍の戦略構想の大きな転換点となった。陸軍の関心が、中国ばかりでなく東南アジアへも向けられることとなったのである。おもに、資源自給の観点からであった。

その頃、欧州では、五月にドイツによる西方攻撃が開始され、六月にはパリが陥落し、フランスがドイツに降伏する。

「時局処理要綱」の決定

このような国際情勢の激変を受けて、陸軍中央は、七月三日、新たに「世界情勢の推移に伴う時局処理要綱」を決定した。なお、当時の陸軍の政策決定は、武藤ら軍務局によって主導されており、先述の通り、田中は駐蒙軍参謀長として陸軍中央から離れていた。

その主な点は次の通りである。

一、「世界情勢の変局」に対処するため、日中戦争を解決するとともに、「好機を捕捉し、対南方問題の解決に努《つと》む」。二、日中戦争の処理は、第三国の援蔣行為を絶滅するなど、あらゆる手段を尽くして重慶政府を屈服させる。三、外交は、「独伊との政治的結束」を強化し、「対ソ国交の飛躍的調整」を図る。四、「対南方武力行使」に際しては、極力「英国のみ」に限定し、香港およびマレー半島を攻撃す。五、仏印に対しては、援蔣行為を徹底的に遮断するとともに、日本軍の通過、補給、飛行場使用などを認めさせる。そのため状況により「武力」を行使する。六、蘭印に対しては、しばらく「外交的措置」により重要資源確保に努めるが、状況によっては「武力を行使し」、その目的を達する。七、「対米戦争」は、つとめて「これを避くる」よう施策する。しかし、状況により戦争に至る場合もありうるので、その準備に遺憾なきを期す。八、国内体制としては、新世界情勢に対応しうる「国防国家」の完成を促進する。そのため、強力政治機構の確立、対英米依存経済の脱却などの実現を期す。

この「時局処理要綱」は、当時の陸軍中央の包括的な戦略方針を示すものであり、これ以後の陸軍の戦略の基本軸となる。その意味で極めて重要な決定である。

そこでは、国際情勢の変化に対応して、「好機」を捕捉し、対南方問題の解決に努める、との基本方針が示されている。そのための「対南方武力行使」については、対象を「英国のみ」に限定し、ターゲットとして香港および英領マレー半島を挙げている。また、対米戦はつとめて「避くる」よう施策するとされた。

注目したいのは、南方武力行使が明確に打ち出されていることである。しかも、いわゆる英米可分の見地に立っており、イギリスのみに攻撃を限定し、アメリカからの軍事介入を避けることが、状況によっては可能だと考えられていた。

そして、その武力行使の「好機」として、ドイツ軍のイギリス本土攻略、すなわちイギリスの敗北が想定されていた。したがって南方武力行使は、ドイツがイギリスに勝利するという好機をとらえて、大東亜協同経済圏形成という国策に積極的に乗り出そうとするものだった。英領植民地への武力行使はその一歩と捉えられていた。

ただ、英米可分といっても、英仏の天津租界を封鎖した問題でアメリカが日米通商航海条約の破棄を通告してきたように、英米が連動する可能性も念頭に置いていた。したがって、事態の進展によっては対米戦もありうるとして、そのための「準備」の必要性も指摘している。

なお、蘭印（オランダ領東インド諸島・現インドネシア）についても、外交的措置により石油などの重要資源の獲得に努めるとしていた。だが、それが困難な場合を想定し、状況によっては武力を行使することもありうるとも記されている。

蘭印の本国オランダはすでにドイツ軍に占領されていたが、オランダ政府自体は、イギリスに亡命するかたちで存続していた。したがって、蘭印当局が、イギリスと連携して日本への資源提供に難色を示す可能性もあった。武力行使の対象は、極力イギリス領に限定するとしながらも、石油資源などの確保のため、蘭印の対応によっては武力行使の可能性も視野に入れていたのである。

さらに、仏印（フランス領インドシナ）についても、援蔣行為を徹底的に遮断するとともに、日本軍の補給、部隊通過、飛行場使用を認めさせるとしている。また、そのための武力行使も示唆している。蔣介石政権への援助物資補給ルートの封止と、英領シンガポール・蘭印攻撃をにらんでのことであった。

援蔣ルートの問題は、米英などによる援蔣行為を遮断することによって、「重慶政府の屈服」を実現するための一手段とされていた。だが、仏印の位置づけは、単に援蔣遮断だけではなく、シンガポール・蘭印などへの攻撃基地としてのものだったのである。

また、この南方問題解決のためには、「独伊との政治的結束」を強化し、「対ソ国交の飛躍的調整」を図るとされている。これは、関係者や付属文書の説明によれば、具体的には、南方武力行使に際して、独伊との軍事同盟や、ソ連との不可侵条約締結などが想定されていた。これは、南方地域の処理について独伊の承認を取り付けるためであり、また南方進出時に北方の安全を確保するためだった。

大英帝国の崩壊を好機として、南方の英領植民地さらには蘭印を一挙に押さえ、自給自足的大東亜協同経済圏建設に踏み出す。そのために、イギリス本土を攻略するドイツと密接な関係を結び、対ソ関係の安定を確保しようとしていたのである。日中戦争の解決もこのような戦略のなかに位置づけられていた。

三国同盟締結

しかし、一九四〇年（昭和一五年）九月、期待していたドイツの英本土上陸が無期限延期となる。その結果、アメリカの対独参戦の可能性が高まり、それを阻止するためにドイツは日本に日独伊三国同盟の締結を要請する。

日本も、すでに「時局処理要綱」で独伊との提携に踏み切っており、南進時におけるアメリカの軍事介入を警戒して、ドイツの要請に応じ、三国同盟の締結に同意した。

こうして、一九四〇年九月二七日、ベルリンで日独伊三国同盟条約が締結された。田中は三国同盟関係の議論には加わっていない。その要点は次の通りである。

一、日本は欧州新秩序建設における独伊の指導的地位を認め尊重する（第一条）。二、独伊は大東亜新秩序建設における日本の指導的地位を認め尊重する（第二条）。三、三国は互いに協力し、三国中いずれかの一国が現に欧州戦争または日中紛争に参入していない一国によって攻撃された時は、「三国はあらゆる政治的経済的および軍事的方法により相互に援助すべきことを約す」（第三条）。四、三国は、本条約の諸条項が三国のそれぞれとソ連との間に現存する政治的状態に何らの影響を及ぼさないものであることを確認する（第五条）。

ここで、欧州戦争または日中紛争に参入していない国（第三条）とは、具体的には米ソをさす。だが、第五条でソ連は除かれているので、この同盟がアメリカ参戦への対抗を想定した対米軍事同盟であることは、名指しはしていないが明確に表明されている。それがドイツ政府のねらいだった。

陸軍にとっても、第二条で、東南アジアも含めた「大東亜」の指導権を独伊に認めさせたことで、東南アジア支配のドイツによる承認という同盟締結の一つの目的は達せられた。

次は対ソ国交調整へのドイツによる仲介が期待されていた。

日ソ関係改善のためのドイツの仲介については、三国同盟条約締結時の交換公文で、「日本国とソビエト連邦との関係に関しては、独逸国はその力の及ぶ限り友好的了解を増進することにつとめるべく、かつ何時にても右目的のため周旋の労をとるべし」、と定められた。

三国同盟締結のさい、海軍は独米開戦から対米自動参戦となることを恐れていた。そこで九月一二日、四相会議（首相・陸相・海相・外相）で松岡洋右外相より三国同盟締結が提案された時、そうした懸念から及川古志郎《こしろう》海相は態度を留保した。これにたいして松岡外相は、事実上参戦の自主的判断を各国政府がもつという趣旨の規定を交換公文などのかたちで定める案を提示し、海軍側の了解をえた。この点については、攻撃を受けたかどうかは三国間の協議により決定するとの趣旨の交換公文が、独オットー駐日大使の松岡外相宛書簡の形式で交わされ、決着した。

北部仏印進駐と冨永作戦部長の更迭

ところで、日独伊三国同盟締結直前の一九四〇年（昭和一五年）九月二三日、日本軍は北部仏印への進駐を開始した。かねてから陸軍は、援蔣ルートの一つとして仏印ルート遮断を企図していた。パリ陥落直後の六月一八日、米内光政内閣は畑俊六陸相の要請で、フランス政府に援蔣行為の中止を要求した。

仏印ルートは、香港ルートが日本軍の広州占領によって遮断されて以降、最も重要な援蔣ルートとなり、仏印経由のものが全援蔣物資の約五割を占めた。ソ連やアメリカからの援助物資も仏印ルートで運ばれていた。残りはビルマ・ルートが三割を占め、ソ連の援助物資は、ソ連国境から蘭州を経由する新疆ルートからも送られていた。

フランスが日本の要請を受け入れると、日本側は監視団を送り込み、さらに日本軍の北部仏印への進駐を認めるよう仏印当局に要求した。

この要求をフランス側は受け入れ、同月三〇日、日本軍の進駐と航空基地使用などを認める協定が成立した。現地では、日本軍の独断越境などで混乱が生じたが、北部仏印進駐は実現した。だが、この時の混乱の責任を問われて、富永恭次参謀本部作戦部長が更迭されることとなった。

北部仏印進駐後の一九四〇年(昭和一五年)一〇月一〇日、田中が富永の後任として作戦部長に就任した。東条陸相の意向によるものだった(『参謀次長沢田茂回想録』)。田中は、その二ヶ月前に、駐蒙軍参謀長から参謀本部付となっていた。作戦部長就任当時、田中は四七歳だった。

二、「対仏印、泰施策要綱」の策定

作戦部長に就くと、まず田中はタイと仏印の間での国境紛争に着目する。

タイのピブン政権は、欧州でのフランスの敗北、日本の北部仏印進駐に乗じて、タイ国境に接する仏印領の一部を自国に割譲するようフランスに要求した。これは、かつてタイから仏印領に強制編入された領土を取り戻すことを目的としていた。だが、フランス当局はこれを拒絶し、事態は両国間の武力紛争へと発展していた。

このような事態に対して田中は、「泰《タイ》仏印紛争」はイギリスに「泰国支援の機会」を与えることになり、ひいてはタイ・仏印が「英米策謀の舞台」となる危険があると警告している（田中「大東亜戦争への道程」第一巻）。タイは従来からイギリスの強い影響下にあったが、ピブン政権は欧州戦争を機にイギリスから離れ、あわせて仏印からの失地回復を狙っていた。

また田中は、この機会に「日本が調停役」となり、タイ・仏印へと影響力を拡大することを狙っていた。目的は、「日・泰・仏印の共同防衛」体制の創出と「対南方作戦準備」に資するためだった（同右）。作戦部長就任早々からタイ・仏印の勢力圏化を考えていたのである。一般には、タイ・仏印間の国境紛争への仲介によって、タイ・仏印を日本の勢力下に置くことに着目したのは松岡外相だとされているが、田中も早い時期から同様の発想を持っていた。

「支那事変処理要綱」を自ら起案

一方、田中は、陸軍省からの提案などをもとに、自ら「支那事変処理要綱」を起案。一〇月二三日、参謀本部・陸軍省の同意をえて陸軍案となった。

その基本方針は、一、英米の援蔣行為禁絶、対ソ国交の調整など、あらゆる手段によって重慶政権を屈服させ、「和平」を図る。二、内外の態勢を改善して、「長期大持久戦」に適応させるとともに、「大東亜新秩序」建設のため、国防力の「弾発性」を回復し、かつ増強する。三、これらに日独伊三国同盟を活用する、というものだった（松下編『田中作戦部長の証言』）。

日中戦争の解決とともに、大東亜新秩序の建設が課題とされているが、注目したいのは、そのための国防弾発性の回復が求められていることだ。つまり、日中戦争が長引くなか、多くの兵士が戦線に配置されたまま、動きが取れなくなっている。その在華兵力を削減し、南方などへ弾力的に動かせるようにしたい、というのである。

この頃、田中は、重慶政府を屈服させることは「第二義的」なもので、「全面的東亜の解決」により、日中戦争は「自然に」解決されると考えていた。

「重慶政府の降伏はこの際問題とせず、少なくとも第二義的に考うこととし、全面的東亜の解決により自然にその降伏を予期し得べきこと。」（「参謀本部第一部長田中新一中将業務日誌」八分冊の一）

全面的東亜の解決とは、大東亜新秩序の建設を意味し、南方武力行使（対英蘭戦争）によって、米英依存経済から脱却した自給自足的経済圏の形成をめざすものだった。

この発言からも、日中戦争解決のために南方に向かったというよりは、日中戦争解決とはまた別の要請（大東亜新秩序建設）から南方進出が考えられているのがわかる。

日中戦争をそれ自体として解決するというより、南方への武力行使をともなう大東亜新秩序の形成によって、日中戦争も処理されうるとの想定に立っている。そして、そのためには中国に配置した兵力（在華兵力）の削減などが必要だと示唆しているのである。

戦後の回想によれば、当時、田中はこう考えていた。

「支那事変そのもののみを取上げて解決すべき望はほとんど絶えた。支那事変の解決はただ欧亜を綜合した国際大変局［世界大戦］の一環としてのみ、これを期待することが出来る」（田中『大戦突入の真相』）

当時、参謀本部作戦課員だった高山信武によれば、土居明夫作戦課長は「支那事変の解決は、今や欧洲情勢に関連して、独伊とともに新秩序をつくり、その一環として処理せねばならぬ。速やかに南方問題を解決するを要する」との意見だった。田中もこの独伊との提携、南方進出による日中戦争解決論に同意していた（高山信武『昭和名将録』）。

しかし、蔣介石相手の戦争でも勝機を逸してしまっているのに、さらに戦線を拡大してどうなるのか、日本の国力は足りているのか、という疑問は生じる。作戦部の答えは「ドイツとの連携」であったが、国力不足にまでは答えが出せなかったといえるだろう。

また、「支那事変処理要綱」が決定される過程で、田中は、東条陸相、杉山参謀総長に次のように説明している。

本施策の実施により「日米戦争発生の危険」は相当高いが、一九四一年内に「本格的戦争」に入ることは想定していない。「南方要域」への作戦はおおむね五ヶ月で達成される。したがって、開戦後五、六ヶ月から、「北方」に兵力を転用することを考慮している。ソ連は「対日一国作戦」の準備はできているが、日独に対する「二正面作戦」の準備はできていない。南方作戦開始の場合には、北方ソ連の出方に対処することができよう。「大東亜共栄圏」の建設は一挙に実行するべきではなく、さしあたりは段階的に進行させることとし、その第一段階として、仏印とタイを共栄圏に編入する、と。日米戦争の危険を指摘し、南方施行後約五、六ヶ月後には北方武力行使を実施し、大東亜共栄圏の建設は段階的に行うというのである（同右）。

なお、この「支那事変処理要綱」には、重慶政府との和平条件として、次のような点が示されている。一、中国側の満州国承認。二、中国側の抗日政策の放棄と、日中両国による東亜共同防衛。三、共同防衛のため、「蒙疆および北支三省」（華北五省）への日本軍駐留、海南島および華南沿岸での日本艦隊駐留。四、前項地域での、日本による国防上必要な資源の開発利用。五、揚子江下流三角地帯における日本軍の保障占領（松下編『田中作戦部長の証言』）。

これは、第一次近衛内閣期の御前会議決定「日支新関係調整方針」（一九三八年一一月）に、海南島などへの日本艦隊駐留を加えたものだった。海南島は、「支那事変処理要綱」起案前年（一九三九年）の二月に日本軍が占領し、海軍基地が作られていた（同年三月、南シナ海の新南群島〔南沙諸島、スプラトリー諸島〕の領有も宣言）。

この「支那事変処理要綱」は、その後、陸海軍の検討をへて、基本的には大きな修正をうけることなく、一一月一三日の御前会議で正式に決定された。

その間に田中は、タイ・仏印を南方作戦における「軍事基地」として活用することを考えていた。このためには、両国と事前に「政治・軍事的提携」が必要だとみており、両国間の紛争調停の「代償」として、仏印には、航空基地の設定、必要な兵力の駐屯を、タイには、日本軍の国内通過、航空基地の設定、共同防衛の軍事協定の締結を求めるべきだとしている（田中「大東亜戦争への道程」第一巻）。

また、田中は、武藤軍務局長とタイ・仏印間の紛争調停について懇談している。そこで両者は、英米がタイに対して「失地回復」への援助を行おうとしており、調停問題が遷延《せんえん》すれば「対仏印・泰政策の根本が崩される」との結論で一致した（同右）。

海軍の「短期決戦論」を批判

この頃、海軍軍令部から、田中ら作戦部に、蘭印攻略時に「英米」を敵とする場合、一九四一年四月中旬以降なら可能、との連絡があった。四月中旬になれば、艦艇比率が対米七割五分になるからだとされていた。

その後、陸海軍統帥部の懇談があり、そこで海軍側は、ソ連は来年（一九四一年）春頃までは欧州に引きつけられるので、対ソ関係が切迫することはないだろうとの見方を、田中ら陸軍側に示した。また、「時局処理要綱」に含まれている「対南方武力行使」は容易ではなく、「結局対米戦に帰着する」として、南方進出に乗り出すよりは、「対米戦備の強化充実」を優先すべきだとの意見だった（同右）。

田中はこの頃の「海軍側作戦構想」について、次のように述べている。

海軍の対南方対米作戦においては、「長期戦争に応ずる構想」は皆無である。「対米長期戦は避け難い」との判断は海軍側も十分了解しているはずだが、彼らの構想では「短期決戦」の思想が濃厚である。しかも、南方資源の取得にとって枢要な意味をもつ「蘭印作戦」を軽視している。あらためて「大東亜共栄圏の確立が戦争遂行の基盤なること」の再確認を要す、と（同右）。海軍側の対南方作戦、対米作戦構想に批判的だったのである。

ことに海軍が短期決戦論に傾斜しているとの指摘は興味深い。実際に富岡定俊海軍作戦課長らは、対米戦を短期の「限定戦争」と位置づけ、短期決戦を想定していた（富岡定俊『開戦と終戦』）。

翌年（一九四一年）一月、田中ら作戦部は、「大東亜長期戦争指導要綱」を作成し、陸軍省部（陸軍省・参謀本部）の非公式な承認をえた。その要旨はこうである。

第一に、好機に武力を行使して南方問題を解決し、自給自足の態勢を確立する。そのための作戦準備を整え、まず仏印・タイを大東亜共栄圏の「骨幹地域」として包摂する。第二に、北方（ソ連）に対しては、さしあたり静謐保持を方針とし、満州・朝鮮一四個師団を整備する（防衛庁防衛研修所戦史室『支那事変陸軍作戦』第三巻）。

すなわち、好機に応じた南方武力行使と、北方静謐を基本とするもので、「時局処理要綱」とほぼ同様の方針であった。ただ、仏印・タイが骨幹地域として重視されている。田中は、仏印・タイの包摂を南方施策の第一段階と考えており、大東亜共栄圏の漸進的段階的建設につながる観点が提示されているといえよう。大東亜共栄圏は、東アジアのみならず東南アジアを含むもので、「綜合国策十年計画」での大東亜協同経済圏を踏襲したものである。

また田中ら作戦部が、ドイツの英本土上陸作戦延期後のこの段階でも、好機捕捉による南方武力行使論を維持していたことがわかる。田中自身は、翌年春から夏にかけて、欧州戦局はドイツの英本土侵攻など大展開があると考えていた。

田中ら作戦部は、「大東亜長期戦争指導要綱」起案と同時期に、「対支長期作戦指導計画」を作成した。

そこでは、一、国際情勢の変化を利用して、日中戦争の解決を図る。二、中国駐留軍は約五〇万とする。三、中国での占領地を拡大することなく、作戦は原駐屯地帰還を原則とする、とされている（同右）。

これは、前の「支那事変処理要綱」と同様に、日中戦争をそれ自体として解決することを断念し、より大きな国際関係の変動、すなわち欧州大戦の帰趨《きすう》や対ソ国交調整、南方武力行使などを通じて処理しようとするものだった。ある意味、すべてはドイツ次第ともいえるが、これは田中だけではなく、彼が関与していない三国同盟の締結にもみられるように、当時の陸軍主流の考えだったのである。

またこれは同時に、「大東亜新秩序」に有効な兵力再配分のために、当時約七五万の在華日本軍を大幅に削減することを意味した。世界大戦にどう対処するかが、統制派系幕僚共通の第一義的な課題だったからである。

この頃、田中は、次のような発言を残している。

「大東亜における長期戦争計画を立案せねばならぬ。……このまま、全面大持久戦に入ることは危険であるから、支那事変に、一大転機を画することを研究せねばならぬ。……蔣介石と大乗的に手を握ることを考える必要がないか。」（松下編『田中作戦部長の証言』）
「大持久戦を考える際……軍備充実を促進するには、在支作戦兵力を減ぜねば不可能である。……大東亜戦争に対する弾力性は持ち得ない。」（同右）

大東亜新秩序建設のため、暫定的に日中講和が必要だというのである。少なくとも田中においては、一般にいわれているように日中講和、すなわち日中戦争解決のために大東亜新秩序建設が必要とされたのではなく、その逆であることがわかる。

この「対支長期作戦指導計画」は陸軍省部（陸軍省・参謀本部）で正式決定され、天皇に上奏された。

これら「大東亜長期戦争指導要綱」「対支長期作戦指導計画」は、田中から参謀本部が作成したものであるが、陸軍省も同意していた。

昭和天皇の「平和的」発言への不満

このころ、タイ・仏印間の紛争調停について上奏した陸軍統帥部にたいして、昭和天皇は、武力行使によらず平和的に行うよう留意すべき旨を述べた。田中は戦後の回想で、この天皇の発言によって日泰《タイ》軍事協定締結が困難になり、この「企図の挫折」が「南部仏印進駐を促進」させる一因となった、としている（田中「大東亜戦争への道程」第一巻）。天皇の発言によって軍事的圧力による協定締結ができなくなったから、南部仏印進駐を進めざるをえなくなった、と批判しているのである。

また、一月三〇日、「対仏印、泰施策要綱」が、大本営政府連絡会議において決定された。これは陸軍省部が起案し、海軍の合意をえたものだった。

その概要は、「大東亜共栄圏」建設の途上において、仏印およびタイとの間で、軍事・政治・経済にわたる結合関係を設定する。そのために、やむをえない場合は武力を行使する。仏印との間に、航空基地の建設、港湾施設の使用、日本軍の進駐などを含む軍事協力協定を締結する、などであった。

いわば大東亜共栄圏の漸進的段階的建設の方式が打ち出され、その第一段階として、仏印・タイの包摂をはかる方針を明確にしたのである。

そのさい武力行使のオプションも明示され、資源確保のみならず、南部仏印への進駐と、そこでの航空基地を含む軍事施設建設が意図されていた。タイとの関係は、仏印・タイ間の国境紛争に介入する過程で軍事的にも密接なものとなっており、北部仏印進駐はすでに終えていたからである。

この時点で、仏印・タイは、大東亜共栄圏形成における軍需資源の第一次補給圏と位置づけられた。たとえば、生ゴムは、需要量六万五〇〇〇トン中四万五〇〇〇トンが、錫は、需要量一万トンのほぼ全量が、仏印・タイで充足できると考えられていた。また仏印は、日本の南方進出の軍事基地としても重要視されていたのである。

なお、注意を引くのは、田中が、この「施策要綱」を「欧州方面の戦局の発展を予想し、これに応ずべき準備」として考えていたことである。彼にとってタイ・仏印の包摂は、欧州戦局の世界大戦化を想定してのことだったのである（同右）。

この決定過程で、田中は、一九四一年の三月末までに南部仏印進駐を実施すべきだと考えていた。それは、春から夏にかけて欧州戦局にドイツの攻勢による大展開が予想され、七、八月頃の新情勢にそなえるため、三月末には進駐決定が必要だと判断していた。決定後、進駐準備に一ヶ月、飛行場整備に二、三ヶ月はかかるとみられていたからである（同右）。

だが南部仏印進駐は、松岡外相の同意をえられず、一九四一年七月まで実施に移されなかった。松岡は、現時点での進駐は対英米戦を誘発するなどとして、その実施には慎重姿勢を示していたのである。その間、四月には、日ソ中立条約の締結、日米諒解案に基づく日米交渉開始があり、六月には独ソ戦が開始され、国際情勢は大きく変化する。

「対仏印、泰施策要綱」決定後、田中ら作戦部は、東南アジア各地の状況把握につとめ、英米の動向を分析している。なかでも蘭印に注目し、「蘭印の米・英殊に対米依存が急速に進展」しつつあり、「アメリカが……対日経済封鎖の重要な一環として、蘭印をその管制下に置きつつある」として、アメリカの動きを警戒していた。

また、マレー半島の錫・ゴム等の資源の獲得には「武力による解決」の外はないと考えていた。だがマレーの「攻略」は蘭印攻略の後とし、仏印・タイについては、「武力攻略」によらず、事前の「政略的手段」によって協力させるべきだとしている。

このような判断から、田中は、「米国が欧州戦争に実力をもって介入する」場合には、「日本も参戦する外はあるまい」との姿勢だった。ドイツがイギリスを崩壊させ、これにソ連が協力し、東南アジアの「英勢力」が崩壊すれば、日本の南進にとって有利な情勢となる。しかし、日本が南方政策を仏印・タイに制限する意図であるにもかかわらず、もしアメリカが実力介入すれば、ついに「世界全面戦争」となるだろうとみていた（同右）。この頃は田中も独ソ間の協力関係は継続すると判断していたようである。

南方進出だけでは解決できない

また、同じ頃、田中・武藤ら陸軍首脳部による「大本営陸軍部会議」が開かれた。そこで、日米戦争は昭和一六年内には想定していないが、作戦準備は必要であること。南方の要地攻略作戦は五ヶ月以内に終えること。大東亜共栄圏は段階的に建設し、第一段階として仏印・タイを編入すること、などが確認された。

なおこの時、開戦後五、六ヶ月頃から「北方」に「兵力を転用」することが議論されている(田中「大東亜戦争への道程」第四巻)。注目すべきことであるが、おそらく田中の主張によるものと思われる。

二月初旬、近衛首相と松岡外相は、「支那事変」は今のままでは解決しない、「南に足を下ろす」ことによってのみ「事変解決」を企図しうる。「支那」に向けている力を南に移すことが必要だ、との考えで一致した。

それを杉山参謀総長から知らされた田中は、「南方進出の限度」は、タイ・仏印までとすべきだが、それでも「支那事変」を解決することは困難だろうとの意見だった。タイ・仏印の「完全支配」は、「対米戦惹起の最後的誘引」となる可能性があり、「徹底せるアメリカの経済圧迫」を引き起こすだろう。そうすれば、やむなく蘭印からの「石油の強制取得」に乗り出さざるをえず、「一七年中」には「対南方武力処理」を迫られることになる。そう考えていた(同右)。南方進出は、さしあたり仏印・タイを限度とせざるをえず、それを実行したとしても日中戦争の解決は困難だろうと判断していたのである。

一九四一年三月下旬、田中は次のような情勢判断をしている。

まず、中国問題について、「対支戦争」は欧州戦争の「終結」に先立って終える必要があり、また、「対米戦」に先だって終えるべきだ。「対米戦争の実行」は、「支那大陸」の必要範囲を日本の勢力下に置き、そこに「国防経済」の重要基地の役割を負担させねばならない。この保障のない「対支作戦の終息」は無意味だ。しかし、国民政府を屈服させることができない場合には、重慶と戦いつつ「対英米戦争」を実行する場合も想定しておかなければならない、としている。

つまり、対米戦を戦うには中国大陸を支配下に置き、国力（経済、産業）を拡大しなければならないが、それができなければ、中国と英米同時に戦うこともあるというのである。

次に対英問題について、「独逸《ドイツ》の春期攻勢」による「対英戦果」には多少の疑問が残るが、英本土上陸に全力を投入すれば、「英本土屈服」の可能性はある。それゆえ、「南方作戦の準備」を活用すべき機会も生ずる、としている。

さらに、米英関係について、アメリカは「対英援助」を積極化し、イギリスの「破局予防」に邁進するだろう。伝えられている武器貸与法案は、イギリスの存立が「米国国防上」絶対に必要だとの認識に基づいている。ハル国務長官も、「日独伊三国は法を破って世界文明の基礎を破壊」するものであり、「英国」が敗北すれば大西洋の安全はまったく失われる。対独戦に直面している「英国」に「軍需品を無制限に供給」すべきだ、日本の「太平洋新秩序」なるものは、被征服国の個人的自由を奪い去るものであり、日本の「政治的・経済的支配」を意味する、としている。田中は、すでに対米英戦の可能性を念頭に置いており、武器貸与法案などアメリカ政府の動きによって米英間は「不可分」の状況となったとみていた（同右）。

その後、「大本営陸軍部会議」で合意した、南方進出は仏印・タイにとどめ、対米戦を回避して国力を充実させるとの方針が実行不可能であることが判明した。このことにより「対米戦争の危険」が迫りつつあると田中は判断した。

また、アメリカは海軍の主戦力を太平洋に集めつつあった。それに対抗して、シンガポールを攻略し南方の要地を制覇しておくことが絶対に必要だとしながらも、田中は、「日米国交の再調整」によって「日支事変」を収拾する方策にも考慮を払う必要がある、と主張している（同右）。

参謀本部に集まる情報に基づいた、戦略家としての田中の分析には鋭いものがみられるが、彼が実際に取りうる選択は狭まると同時に、その戦略はアクロバティックなものになり、実現可能性の低いものとなっていったのである。

三、「三国同盟＋ソ連」構想とその破綻

一方、一九四一年四月中旬、リッベントロップ独外相と会談した大島浩駐独大使から、ソ連の出方いかんによってはドイツは本年中にも戦争を開始するかもしれない、との外相発言を伝える電報が到着した。

田中の記録によれば、その時、リッベントロップは、チャーチル英首相がソ連を自己の陣営に引き入れようと強い働きかけをしており、最近ソ連が次第にドイツから離れつつある。したがって、ドイツ政府内には、ソ連の対独戦準備が整う前に撃破すべきとする考えが有力になっている、とも発言している。また、大島は外相側近のスターマーとも会談し、「対英戦争と平行して速やかにソ連攻撃を行うを有利とする」との発言も聞いている。大島の判断では、リッベントロップ・スターマーとの会談から、「対英戦争と平行して」対ソ戦を行うことも「相当の当然性」あり、とのことであった（田中「大東亜戦争への道程」第四巻）。

松岡外相の「日ソ国交調整」

少し時間を遡るが、一九四一年一月上旬、松岡外相は、ドイツとの関係を強化するための渡

欧に際して、「対独伊蘇《ソ》交渉要綱」案を陸海軍に示した。

その要点は次のようなものだった。一、ソ連を英国打倒につき、日独伊の政策に同調させる。二、それにより日ソ国交の調整を実現する。三、ソ連に援蔣行為を放棄させる。四、世界を大東亜圏、欧州圏（アフリカを含む）、米州圏、ソ連圏の四大圏とする方向で、実現を期す。五、極力米国の参戦を不可能ならしめる趣旨の施策について、ドイツとの間で諒解をとげる（参謀本部編『杉山メモ』上巻）。

つまり、イギリス打倒について日独伊の施策にソ連を同調させるとともに、日ソ国交調整を実現しようとするものだった。またソ連の対中援助を中止させ、アメリカの参戦阻止についてドイツと歩調を合わせることも意図していた。

だが、松岡が陸海軍に松岡案を示す直前に、独ソ間の関係は大きく変化していた。

フィンランドおよびバルカン問題をめぐって独ソ関係が悪化し、一九四〇年一二月中旬、ヒトラーはバルバロッサ作戦に関する命令（対ソ開戦準備命令）を下した。対英戦終結前にソ連を打倒する準備を命じたのである。したがって、松岡の渡欧前に、松岡案の前提となる独ソ提携はすでに事実上崩壊していた。

この松岡案について田中は、一九四一年四月頃、モロトフ外相の対独交渉の結果、ドイツの「対ソ関係」は全然「行き詰まって」おり、独ソ関係が松岡案の実現を許すものかどうか疑問だ、とみていた。また、松岡案の着手に先立って、「日本の対南政策」を改めて確立する必要があるとしている（田中「大東亜戦争への道程」第四巻）。一九四〇年七月に策定された「時局処理要綱」はもはや「対南政策の基準」とはならないと考えていたからである。

だが、松岡は、帰国直前の一九四一年四月一三日、日ソ中立条約の締結に成功した。

その内容は、一、両国は相互に領土保全および不可侵を尊重する。二、両国の一方が第三国よりの軍事行動の対象となった場合、他方は全期間中立を守る。三、有効期間は五年とし、破棄通告がない場合は次の五年間自動的に延長される、というものだった。

これにより、松岡案の第二項にあった日ソ国交調整は実現されたのである。

しかし、この日ソ中立条約についても、独ソ関係危うしという認識を得ていた田中は、次のように、冷ややかにみていた。この条約に「軍事的効果を期待」することは無理であり、日本が南方作戦に乗り出した時、ソ連が対日「武力行使」をしない保証にはならない。そして、逆に、もし将来、独ソ戦となった時、日本の対ソ軍事行動がこの条約によって「拘束される」とは考えていない、つまり、ドイツ側に立っての対ソ戦を念頭に置いていたのである。

大島大使からの「開戦情報」

そして、冒頭でも示したように、日ソ中立条約調印の三日後（一九四一年四月一六日）、大島駐独大使から、ドイツが対英戦と併行するかたちで対ソ開戦を企図しているとの情報がもたらされた。ソ連の出方いかんによっては、ドイツは今年中の対ソ開戦を決意しているというのである。それはドイツが、状況によっては対英ソ両面戦争に踏み切ることを意味していた。

独ソ関係の悪化を懸念していた田中も、この開戦情報以前には、独ソ戦が現実のものになるとは全く予想していなかった。田中のみならず、陸海軍、政府首脳にとっても、この情報は極めて衝撃的なものだった。松岡が結んできた日ソ中立条約も、その戦略的意味を失った。

続いて四月一八日、大島から、ドイツは対英攻撃と併行して対ソ戦を実施しようとしている。ソ連の戦争準備が整わない前に、ドイツの「宿命的国是」たる対ソ戦を断行する意図だ、との指摘を含む報告が届いた（「近衛外務大臣宛大島大使電」『太平洋戦争への道』資料編）。

ともに、対英戦終結前の独ソ開戦実施が、ほとんど決定的であることを知らせるものだった。それは、ドイツが対英戦を継続したままソ連とも戦う東西同時両面戦争に突入することを意味した。

これにより、日独はユーラシア大陸の東西に分断される。同時に、英ソ間の接近、さらにはイギリスを援助するアメリカとソ連とが接近する可能性が生じた。

その後、六月五日、大島駐独大使より、「独『ソ』開戦は今や必至なりと見るが至当なるべし。……短時日の中に之を決行するものと判断せらる」（同右）との、切迫した独ソ開戦確実電が到着した。

そして、六月二二日、ついにドイツのバルバロッサ作戦の発動により独ソ戦の火蓋が切られ、ドイツ軍が一斉にソ連領内になだれ込む。

独ソ戦の前に日中戦争を終わらせる

四月一六・一八日の大島電を受けて、田中は、四月二三日頃、次のように考えていた。この時の田中の議論は「はじめに」でも紹介したが、ここであらためて検討しておこう。

三国同盟と日ソ中立条約の連鎖は「内部崩壊」となった。対米牽制効果はもはや期待できない。中国重慶政府に対する効果もほとんど認められない。

「日ソ中立条約に軍事的効果を期待することは無理だということは確かである。……独ソ開戦の機運が極めて濃化しつつある実情から見て、いずれ遠からず、三国同盟とこの中立条約との矛盾の間に日本自らが介入することとなる危険すら予見せられる。

中立条約の政治的効果には一応期待しうるかに見える。三国同盟と日ソ中立条約との連鎖によって、枢軸側の対米均衡の状態を得たかに見えるが、果たしてその実ありや。」（田中「大東亜戦争への道程」）

「独ソの関係が曲がりなりにも不可侵条約の精神を堅持しておれば、その実を期待しうるともいえようが、独ソの関係が今日の如く危局に立ち、しかも独逸側が認むる如く、英米のソ連誘引が効果を挙げつつある事情を考慮に入れるならば、三国条約と中立条約の連鎖はすでに内部崩壊の状にあるといわなければならず、従ってアメリカに対する政治的効果も多くを期待し得ざるべしと思わる。従って重慶に対する効果もたいしたものと認められぬようである。」（同右）

さらに注目すべきは、四月二三日付の田中のメモ「独ソ開戦の際帝国の採るべき措置」である。重要な内容なので、そのまま引用する。

「一、独ソ［関係］悪化の傾向に鑑み、支那事変を速やかに解決しておくは、対ソ牽制を有効ならしむ。三国同盟の強化なり。
二、支那事変を解決する為、之が手段として日米会談を催す所以にして、日米会談は支那事変解決後に於いては、米に対する非常なる牽制力ある日本を発見することとなるべし。是れ米の欧州戦争参加を不可能ならしむる所以なり。
三、米［対独］参戦後は日本は何ら日米会談に拘束せられず。

四、独ソ開戦に先だち、支那事変の解決を切要とし、成し得れば日米友好保持、ソ米接近の防止を要す。
五、日支軍事同盟、支那満州の安定整理、西南アジアの整理、南方確保」（「参謀本部第一部長田中新一中将業務日誌」八分冊の三）

このメモで何よりも重要なのは、「独ソ開戦」のさいに取るべき措置として、第一に「三国同盟の強化」をあげていることである。田中はこの段階ですでに、独ソ開戦となった場合、三国同盟の強化、すなわち、ドイツとの連携を最優先する方向で考えていた。これは後述する武藤軍務局長らの方針と比較すると極めて興味深い。

また、日中戦争を、独ソ開戦より先に解決すべきだとしている。しかも、その日中戦争の解決に「日米会談」を利用するという見解を示している（日米会談とは、後にふれる日米諒解案に基づく日米交渉をさす）。

つまり、田中はこの時点では独ソ開戦をそれほど切迫したものとみていなかった。独ソの開戦時期を、その間に日米会談を利用して日中戦争を解決することが可能であるくらいの時間的猶予があると見積っていたのである。

さらに、日中戦争を解決すれば、独ソが開戦しても、なお三国同盟によってアメリカを牽制し、その対独参戦を阻止できる可能性があると考えていた。日中戦争の解決は、日本の対米牽制力を強めるとみていたからである。

後に田中は強硬な日米必戦論者となるが、この頃にはまだ日米戦回避の可能性を考慮に入れていたといえる。その上、日中戦争の解決にもアメリカの協力を得ようとしていた。

そしてこの時点では、日米戦は独米戦に連動するとみていた。

「はじめに」でも紹介した、同日（四月二三日）の田中のメモ「日米会談に関する見解」には、

「米が参戦せざれば本会談［日米交渉］は相当期間継続すべき論理的根拠を有す。然れども米の参戦にして［＝アメリカの対独参戦の場合］、本会談の趣旨に副わずと認めらるる以上、本会談は一切無効となるべし。即ち日本は参戦し武力南進するの自由を獲得し得べし。」（同右）

とある。つまり、アメリカの対独参戦に連動して、対米英開戦・武力南進に踏み切るべきという積極的対米開戦論である。ただ、その田中でも、日中戦争を解決することによって、できればアメリカの対独参戦を阻止し、対米戦は回避したいとの姿勢を示していた。

「日米戦争は、極力回避されねばならない。日米交渉は、主として支那事変の解決に利用され

るべきである。」（田中『大戦突入の真相』）

すなわち対米戦回避が望ましいし、可能であれば回避すべきだと考えていたのである。

英米可分から英米不可分へ

一方、一九四一年二月上旬、陸軍は「対南方施策要綱」を作成した。これは参謀本部側が原案を提起し、陸軍省も同意していた。その要旨は、対南方施策の目的は、日本の自給自足経済態勢を確立することにある。イギリス崩壊などの好機、もしくは米英による全面禁輸をうけた場合には、武力を行使する。英米分離に努力し、戦争相手は英蘭に限定する、というものだった（軍事史学会編『大本営陸軍部戦争指導班機密戦争日誌』。以下、戦争指導班『機密戦争日誌』）。

この陸軍案は、なお英米可分論に立っていた。再度ドイツの英本土上陸作戦が実施されると考えていたからである。

それに対し海軍側は、英米絶対不可分、南方武力行使はすなわち対米戦となるとの判断を示し、陸軍案に同意しなかった（同右）。英米不可分の立場を明確に打ち出したのである。

田中も、海軍において「英米不可分の思想」が濃厚になり、「時局処理要綱」は死文化しているとの認識だった。ただ、海軍として、それに代わる国策、ことに「対南方政策」の具体的戦略を欠いているとみていた（田中「大東亜戦争への道程」第四巻）。田中からみれば、南方政策なくして戦争の準備遂行は事実上不可能なのである。

　その後、陸海軍は協議を続け、四月一七日、「対南方施策要綱」陸海軍案を作成、六月六日、陸海軍間で正式に決定された。陸海軍案の作成は日米交渉開始の直前、正式決定は独ソ戦の直前にあたる。

　その内容は、以下の通りだが、その後の日本がたどる軌跡を考えると、極めて重要な意味をもっていた。

　第一に、大東亜共栄圏建設の途上において、日本と仏印・タイ間で、軍事・政治・経済に亘り緊密不離の結合関係を設定する。また、日本と蘭印の間に緊密な経済関係を確立する。第二に、これらは外交施策により実現を期す。ことに仏印・タイとの軍事的結合関係をすみやかに設定する。第三に、以上の施策遂行にあたり、次のような事態発生のときは、「自存自衛」のため武力を行使する。英米蘭などから対日禁輸をうけた場合、もしくは日本に対するアメリカなどの包囲態勢が強化され国防上容認できなくなった場合。第四に、イギリスの崩壊が確実とみられるときは、蘭印への外交措置などによって目的達成に努める。

　ここで、大きく二つの方針が示された。

　一つは、大東亜共栄圏建設の一階梯として、外交によって仏印・タイの包摂をはかることである。前年（一九四〇年）七月の「時局処理要綱」は、好機を捕捉し、英領武力攻撃などによって南方問題を一挙に解決しようとするものであった。いわば大東亜共栄圏形成の大部分を、武力によって実現するというものだったといえる。

それが、この「対南方施策要綱」では、「対仏印、泰施策要綱」を継承して、大東亜共栄圏の段階的建設、その一階梯としての仏印・タイの包摂という方針が示されている。ただし、武力行使も視野に入れていた「対仏印、泰施策要綱」とは異なり、外交による仏印・タイの平和的包摂の実現が企図されている。さらに、蘭印についても、原則として外交的手段による経済関係の緊密化がめざされている。

これは、この時点で英米不可分が、陸海軍共通の認識として明確になったことと関連していた。英米を刺激する武力行使によらず、仏印・タイの包摂を実施し、蘭印についても外交交渉により必要資源の供給を確保しようとしているのである。

ただ、仏印・タイとの軍事的結合関係の設定を急ぐことは変わらず、英蘭領など南方進出のための南部仏印への進駐と軍事基地設営は重視していた。

二つめは、南方武力行使を「自存自衛」の場合のみに限定したことである。「時局処理要綱」での英米可分が清算され、陸軍・海軍ともに英米不可分の認識に立つこととなった。南方英領への軍事攻撃はただちに対米戦争を意味し、アメリカの参戦を避けながら南方英領への武力行使を実行することは、不可能と判断された。「好機」捕捉の武力行使は放棄され、「自存自衛」

の場合に限り武力を行使することとなったのである。

そして、自存自衛の場合としては、英米蘭などから対日禁輸措置を受けるか、国防上容認できない軍事的対日包囲態勢が敷かれたときが想定されていた（ちなみに、対日禁輸措置は、一九四〇年九月の北部仏印進駐後、すでにアメリカが全軍需資材を輸出許可制とし、屑鉄と航空用ガソリンの対日禁輸が実施されていた）。

このような認識と判断は、海軍側だけのものではなく、田中ら作戦部や武藤ら陸軍省軍務局など陸軍側も同意したものだった。

英米可分から不可分への大きな認識の転換をもたらしたのは何だったのか。一九四一年（昭和一六年）二月の陸軍案から四月の陸海軍案までの間に、アメリカでは三月に武器貸与法が成立していた。これによって、アメリカはイギリスに対し大規模な武器援助をおこなう姿勢を明らかにしたのである（福田茂夫『アメリカの対日参戦』）。これが、田中ら陸軍側が、海軍の主張する英米不可分を受け入れた原因だった。

四、迫る独ソ戦と日米諒解案

大島電によって知らされた独ソ緊張は、田中・武藤ら陸軍の想定を裏切るようなかたちで進んでいった。

ここで少し時間を遡り、独ソ間の緊張の経緯と、それに並行した日米交渉をみてみたい。まずは独ソ関係からみてみよう。独ソ不可侵条約締結（一九三九年八月）後、両国はポーランド分割を終え、ソ連はフィンランドに侵入。翌一九四〇年四月、ドイツはノルウェー、デンマークを攻略し、さらに五月、オランダ、ベルギー、フランスに侵攻。オランダ、ベルギー占領に続いて、六月、フランスが降伏した。ドイツはヨーロッパ大陸の西半分を軍事によって支配したことになる。

一方、ソ連は、フランス降伏前後から、バルト三国（エストニア、ラトビア、リトアニア）への外交攻勢を活発化させた。そして軍事的圧力のもと、八月には、バルト三国を併合する。こうしたソ連の動きは必ずしも独ソ間の協定に反するものではなかったが、ドイツの東部国境への不安をかき立てた。また、フランス降伏後、ソ連はルーマニア北部を併合し、ルーマニアの油田に強い関心をもつドイツとの関係を悪化させた。

フランス降伏後の七月中旬から、対英航空攻撃を本格化させたドイツは、イギリスへ講和を提案するが、七月二二日、チャーチル英首相から拒否された。

その直後の一九四〇年七月三一日、ヒトラーは、ベルヒテスガーデン山荘での陸海軍首脳との会談において、次のような発言をしている。

対ソ戦は、イギリスの継戦意志を破砕するための手段だ。さらにロシアの崩壊は、日本への北方からの脅威を取り去り、日本に行動の自由を与える。そのことはアメリカへの脅威となり、アメリカがイギリス側に立って参戦することを困難にする、と（ワルター・ホーファー『ナチス・ドキュメント』）。

ただ、この時点では、ヒトラーは、対ソ侵攻に傾斜していたが、最終的に独ソ戦を決意していたわけではなかった。

一九四〇年一一月中旬、ソ連のモロトフ外相がベルリンを訪問し、ヒトラー、リッベントロップと会談をおこなった。このベルリン会談で、ドイツ側は独伊日ソ四国連合構想とその勢力圏分割案をソ連側に提案している。

この提案への回答はモロトフ帰国後の一一月下旬、ソ連政府からドイツに示された。その内容は、フィンランドやダーダネルス・ボスポラス海峡などに関する条件付きで、「四国条約案を受諾する用意がある」とするものだった。

だが、それらの条件はヒトラーからみれば、とうてい許容できないものだった。ことにフィンランド問題では独ソの利害が鋭く対立していた。一二月一八日、ヒトラーは、対ソ開戦準備を指示する「バルバロッサ作戦指令」を下した。対英戦終結前の対ソ開戦、すなわち両面戦争を決意したのである。開戦は翌一九四一年五月一五日が想定されていた。

ヒトラーのソ連観

ヒトラーは、イギリス、イタリアと提携して、もともとソ連およびフランスを敵とする考えをもっていた。したがって、フランス攻略後は、ドイツのヨーロッパ大陸支配をイギリスに認めさせ、ソ連を主要敵として東方侵攻に向かうつもりだった。しかし、イギリスは容易に屈服せず、かつアメリカがイギリス支援に乗り出したために、ドイツはアメリカの軍事的脅威に直面することとなったのである。

そこでヒトラーは、ひとまず、アメリカの参戦を阻止しながら、イギリスを屈服させるため、三国同盟を締結する（一九四〇年九月）。さらに、同年一〇月、スペイン、フランスに対英参戦を要請した。イギリスを屈服させることで、アメリカを、欧州とアジアから孤立化させようとしたのである（クラウス・ヒルデブラント『ヒトラーと第三帝国』）。

しかし、スペインのフランコ政権、フランスのヴィシー政府はともに同意しなかった。しかも、一一月の、ソ連モロトフ外相とのベルリン会談で、フィンランド、ルーマニアなどの問題をめぐって独ソの利害対立が決定的となった。ここで、ヒトラーは対ソ開戦を決意する。その後も、独ソ関係は、ルーマニア、チェコスロバキア問題などで対立は先鋭化し、一九四一年六月ついに独ソ開戦となった（三宅正樹『スターリン、ヒトラーと日ソ独伊連合構想』）。

日米諒解案は「渡りに船」

続いて日米交渉の経緯を追ってみたい。実は、これも欧州情勢の展開と密接に関係していた。日ソ中立条約締結から五日後の一九四一年四月一八日、野村吉三郎駐米大使から「日米諒解案」が打電されてきた。大島駐独大使からの独ソ開戦情報の二日後、独ソ開戦の二ヶ月前である。

日米諒解案の趣旨は、両国の友好関係の回復をめざす全般的協定を締結しようとするものだった。その内容は次のようなものだった。

一、三国同盟に基づく日本の軍事上の義務は、ドイツが現在欧州戦争に参戦していない国によって、積極的に攻撃された場合にのみ発動される。二、アメリカ政府の欧州戦争に対する態度は、もっぱら自国の福祉と安全とを防衛する考慮によってのみ決められる。三、日中戦争について、中国の独立、日中間の協定に基づく日本軍の撤兵、蔣・汪政権の合流、満州国の承認などを条件に、米大統領が蔣政権に和平を勧告する。四、日本が武力による南進を行わないことを保障し、アメリカは日本の必要資源入手に協力する。五、新日米通商条約を締結し、両国の通商関係を正常化する。六、日米首脳会談をホノルルにおいて開催する（『日本外交文書　日米交渉』。以下、とくに断りのない限り、日米交渉関連の重要文書、関係者のやりとりは同書所収文書による)。

この諒解案は、米国側はカトリック神父のウォルシュとドラウト、日本側は井川忠雄産業組合中央金庫理事、岩畔豪雄前軍事課長らによって、非公式な協定案として纏《まと》められたものだった。

ウォルシュとドラウトは、カトリック教徒のウォーカー郵政長官の仲介で、ハル国務長官、フランクリン・ルーズベルト大統領とも接触していた。井川は近衛首相と繋がりがあり、岩畔は陸軍省から野村大使を補佐するため派遣されていた。岩畔は、第一章でも述べたように長く諜報関係にもたずさわった異色の軍人である。渡米直前までは武藤章軍務局長の下で軍務課長を務め、かつては田中の部下でもあった。また、諒解案の作成過程には、駐米日本大使館、米国務省なども直接間接に関与していた(須藤眞志『日米開戦外交の研究』)。

四月二〇日、田中はこの諒解案の内容を聞き、「この会談に応じ速急妥結して日支全面和平を実現すべき」と決意した。このような「物解かりのよい交渉案」を出してきた「米国の心底」に疑いをもったが、「渡りに船」というべきだと思ったとのことである(田中「大東亜戦争への道程」第四巻)。

この日、参謀本部首脳会議が開かれたが、そこで諒解案は賛同をえ、日米間の国交調整の狙いを「支那事変の終息」におくことに全員一致した。

翌日、陸軍中央の首脳部会議が開かれ、「米案を基礎とする国交調整に入る」ことで意見が一致した。そして米案に対して「日本修正案」を作成することとなった（同右）。

アメリカの調停で日中戦争を解決？

その一方で田中は、アメリカの意図は、日米交渉により「爾後の世界政策実行の時間的余裕を得んとするにあり」（「参謀本部第一部長田中新一中将業務日誌」八分冊の三）、すなわち日米諒解案は、基本的にはアメリカによる対独参戦のための時間稼ぎとみていた。

田中はこの段階で、いずれ対米戦となる可能性は高いと判断していたのである。先述したように、四月一六日の大島駐独大使の独ソ開戦情報により、「三国同盟と日ソ中立条約の連鎖」は、内部崩壊の状態にある。そうなれば日中戦争を解決しない限り、対米牽制力は失われ、アメリカの対独参戦を阻止できず、三国同盟から対米戦は不可避となる。日中戦争による軍事的経済的負担が、日本の対米牽制力の制約要因となっているとみなしていたのである。

田中はアメリカ側の動きについて、次のように判断していた。

アメリカはすでに対独戦を決意しており、このままではいずれ日米戦へと展開する。それは三国同盟の関係からのみではない。日本は「国防の自主独立」のためには資源の自給自足を要し、大東亜共栄圏の建設が必須である。だがそれはアメリカの太平洋政策（九ヵ国条約体制を軸とする門戸開放と機会均等）と正面から衝突せざるをえない。しかも、イギリスにとってアジアの植民地は対独継戦に不可欠な物資補給のための重要地域である。日本の南進によってイギリスがそれを喪失すれば、ドイツの対英勝利につながりかねない。そうなればアメリカは、欧州とアジアから切り離され、南北アメリカに封じ込められることになる。したがって、アメリカは日本の大東亜共栄圏建設を絶対に容認しないだろう、と（松下編『田中作戦部長の証言』）。

だが、もし独ソ開戦前に日中戦争が解決していれば、三国同盟による対米牽制力は強化され、なおアメリカの対独参戦を阻止できる可能性はあるとみていた。では、いかにして日中戦争を解決するか。田中は、その鍵を握るのは、アメリカによる調停だと考えたのである。

当時の田中のメモを見てみよう。

田中は、四月二三日付の当時のメモに、「日米会談［日米交渉］に関する見解」として、概略次のように記している。

一、日米会談は、米国にとっては、三国同盟の弱化、日本の武力南進封止、以後の「世界政策実行の時間的余裕」を得ること、などのためである。

二、したがって米国の意図は、欧州戦争に関連する日本の行動を掣肘しながら、南西太平洋における日本の活動を制限し、最後に「日支事変に対する件」（米大統領の中国政府への和平勧告）を扱うつもりだ。

三、これに対する日本の態度は、「日支事変に対する件」を先決とすべきだ。

四、米が参戦しなければ本会談は相当長期に継続する。米が参戦した場合は「本会談は一切無効」となり、日本は「武力南進の自由」を獲得する。

五、したがって、本会談の「利用活用」にあたっては、米参戦までに時間的猶予があることを前提として、「支那事変の解決、物資の獲得」を促進する。また「対南方準備」を進め、「三国同盟の強化」を図る（同右）。

そして、次のように述べる。

「日米会談「日米交渉」は、支那事変解決後に於《お》いては、米に対する非常なる牽制力ある日本を発見することとなるべし。是《こ》れ米の欧州戦争参加を不可能ならしむる所以なり。」（「参謀本部第一部長田中新一中将業務日誌」八分冊の三）

それゆえ、対米開戦までの間に、日米交渉を利用して日中戦争を解決し、さらに南方戦略資源の大量獲得を図ることが望ましいとの意見だった。

田中は、後にこの時の日米諒解案についての判断をこう記している。

「米国の真意が対日独二正面作戦を避けようとすることにあるは明らかで、帝国現下の弱点に乗じて、わが南方への積極的進出を封ずるとともに、自己の対英援助を強化し、かつこれによって三国同盟を弱化することによって、米国自体の内外施策の窮状打破ないし方向転換を図りつつ、今後軍備の充実とともに世界の指導権を把握しようとするのであろう。

我［田中自身］としては、支那事変の完遂、大東亜共栄圏の建設、三国同盟の堅持、日本国防の自由、太平洋の平和確立から欧州の平和克復などを条件として、米提案［諒解案］を逆用するつもりであった。」（田中「大東亜戦争への道程」第四巻）

つまり、むしろこの機会に日米交渉を利用して（アメリカの調停により）日中戦争を解決する。それによって軍事的負担から脱却し、国力を充実させるとともに、日本自身の軍事的対米牽制力を強化すべきと考えていたのである。その意味で、田中もまた、日米諒解案を歓迎していた。

こうした田中の戦略の苦しさは、日本単独では日中戦争すら終わらせられないところにあった。日中戦争の解決をアメリカに助けてもらうことで、アメリカへの対抗力をつけようというのだから、どうしてもアクロバティックな論理となる。しかし、こうした苦しい戦略を考えざるを得ないほど、田中の選択肢は狭まっていたともいえる。

陸軍も日米諒解案に賛同

参謀本部では、日米諒解案到着後の四月二〇日、情報部主催で検討が行われた。その結果、「大体野村電〔諒解案〕に基く国交調整に同意す。但《ただ》し三国同盟の精神に背馳《はいち》せざる様、若干の修正を必要とす。又支那事変を一挙に解決するを必要とす」ということとなった（『大本営陸軍部戦争指導班機密戦争日誌』）。

ただ、田中作戦部長は出張のためこの席にいなかった。この日、急遽帰京した田中は、この諒解案について、「直ちにこの会談に応じ速急妥結して日支全面和平を実現すべき」との判断をもったことは先に述べた（田中「大東亜戦争への道程」第四巻）。

田中の回想によれば、同日夕刻の参謀本部部長会議でも、全員、諒解案の主旨に賛同した。会議では、三国同盟の精神に背くことなく、いかに対米国交を調整しうるかが問題となったが、ともかく対米国交調整の狙いを「支那事変の終息」に置くことに全員一致した（同右）。

戦争指導班『機密戦争日誌』では、「昨夕〔二〇日〕の部長会議、長時に及ぶ。三国同盟の精神に背馳せざる限度に於て、対米国交調節に任ずべき大体の方向は一致す。独を刺激せざる様一部の修文を行う」となっている。

陸軍省の武藤ら軍務局中枢幕僚も、諒解案を基礎とする日米交渉に賛同していた。したがって、東条陸相をはじめ陸軍の大勢《たいせい》も、大枠として諒解案を受け入れる方向で反応した。

四月二一日、海軍を含めた陸海軍局部長会議でも、基本的に諒解案を基礎として日米交渉に入ることが合意された。

「米の参戦は不可避となれり」

ところが、その翌二二日、田中は独ソ開戦は六、七月との情報を受け取ったのである。ここまで述べたように、これまで田中は、独ソ開戦に先立ち「支那事変の大局」を解決することが「切要」と判断していた。今や「重慶政権の進退決定権」は蔣介石から米国の手に移っており、日米交渉こそが、「対重慶和平」の残された道であり、したがって、「日米国交調整」こそが「緊急の施策」だとみていたのである。

だが、情報通り独ソ開戦になれば、「日米国交調整」も「支那事変解決」も雲散霧消するとの危機感をもった（同右）。事態は田中の予想よりもはるかに急速に動いたのである。

その後、これらの国際情勢の動きについて改めて検討し、田中は次のような見通しをもった。

今年（一九四一年）中に独ソ戦勃発の可能性があり、その場合ドイツの対ソ作戦可能期間は五月から一〇月だろう。おそらくドイツの対ソ作戦開始は七月初めになる。また、ドイツの対英戦争の成果も八月頃には現れてくる。七、八月頃にはドイツ・ソ連・イギリスをめぐる「世界の大変局」が到来する可能性が高い。したがって、「対ソ日独攻守同盟」を促進する必要がある。アメリカも、大西洋における哨戒《しょうかい》区域を拡大し、「通商護衛」を実行している。これは独米間での「戦争状態の実在」に至るだろう。アメリカは「欧州戦争参戦」の意志を確立しており、「武器貸与法」の成立がこれを「立証」している、と（同右）。事実、ルーズベルト政権は、すでにレインボー計画に基づいて海軍による西大西洋パトロールを実施しており、その範囲を拡大していた（福田『アメリカの対日参戦』）。これは独米戦となる可能性の高い作戦行動だった。

その後、陸軍では、五月初旬から中旬にかけて、アメリカの対独参戦の場合の対応を検討している。これはおもに、四月二四日にアメリカ政府が「半球防衛計画第二号」を発令したことによっていた。武器貸与法制定、米軍グリーンランド進駐に続いてのことだった。

「半球防衛計画第二号」は、大西洋西経二五度までを米海軍の新たな哨戒（パトロール）区域とし、そこで発見した独艦船をイギリスに通報するというものである（西経二五度はアイスランド西端）。だが、これは哨戒・通報にとどまらず、いずれ米海軍による船団武力護送（コンボイ）への移行を予想させる事態だった。その移行は米独軍事衝突、米独戦突入を意味するとみられていた。

この時、田中作戦部長は、次のように考えていた。

アメリカの対独参戦は、すでに「不可避」となっており、今後一切の処置はアメリカの参戦を「前提」としてなされなければならない。できれば参戦前にアメリカの対中援助を打ち切らせる必要があり、日米交渉は、それを目的とする。アメリカが参戦すれば、三国同盟に基づいて独伊に対し、政治・経済・軍事的援助を与える。また、シンガポール以西の南部アジアの英勢力を、独伊と協力して駆逐する。さらに、英領シンガポール攻略（対英戦）は、「機を見て」決行する。対米宣戦は、「状況を見つつ」決する、と。

当時の田中のメモ「米参戦と対策」では、こう記されている。


「一、米の参戦は不可避となれり。一切の措置は米の参戦を前提として運営せらるるを要す。
二、参戦の順序
武器貸与法―哨戒制度の拡大―艦隊護送制の採用―独米衝突となるべく、その時期は遅くとも潜水艦及航空機による封鎖の効果最大限に達する時期（七、八月頃か）となるべし。
三、参戦と対支援助……
対支援助打切りを目的として此会談［日米交渉］を成功せしむるを要す。

米の参戦に先だち米をして対支援助打切りの態度に出でしむること必要なり（之が為、南太平洋に関する一時的、偽装的調整を行うも可なり）。

四、三国同盟と米の参戦

三国同盟の義により、帝国は独伊に対し政治、経済、軍事的援助を与うるを要す。……

（e）英の屈服促進の為、新嘉坡《シンガポール》以西［の］南部アジア英勢力駆逐の為、独伊と協同して政治、謀略、軍事的施策を行う。

（f）新嘉坡攻略に関する問題

機を見て之を決行す。

（g）対米宣戦問題

状況を見つつ之を決す。……

（i）南方武力行使に関する問題

状況を見つつ之を決す。

五、米参戦と対ソ問題……

（b）米ソ接近を阻止す。……

（e）ソの中東進出を認む（反英）。……」（「参謀本部第一部長田中新一中将業務日誌」八分冊の三）

つまり、アメリカが対独参戦した場合の対処として、独伊に政治・経済・軍事的援助を供与するのみならず、英領シンガポールの攻略、対米開戦まで考慮に入れていたのである。ただし、それは「機を見」「状況を見」てのことであり、三国同盟による自動参戦ではなく、いわゆる自主的参戦のスタンスだった。しかし、いずれにせよ、対英米開戦論にほかならなかった。

田中から見たアメリカの「真意」

一九四一年五月中旬、「半球防衛計画第二号」発令などから推測されるアメリカの「真意」について、田中は次のように推測している。

「米中枢部」は、イギリスの「敗北」を予想し、その対策に「窮し」ている。来年秋まで、太平洋・大西洋作戦は「不可能」で、その間の太平洋・大西洋作戦は回避しようとしている。対独戦・対日戦は「大長期戦争」になると予想しており、「英国の壊滅」は傍観できないが、今のところ戦争はできないとの判断だ。そこで、「日米国交調整」によって、対日戦を「遷延」し、その準備を完成しなければならない。「日米諒解」が成立すれば、「独英妥協」を求めることもありうる。したがって、「枢軸同盟」の重圧、日本の「南方武力行使」の脅威などから、アメリカも日米諒解案についての日本との交渉を「真面目」に望んでいる。「米国の肚」は、その間に、国内世論を誘導するための「時間の余裕」を得るとともに、「枢軸同盟」にひびを入れ、日本の「南方武力進出」を阻止することにある。

田中のみるところ、米国が「大規模なる援英」に邁進すれば、ドイツは「崩壊」するだろう。だが、米国は「日独に対する同時開戦」を回避したいと考え、「日本との国交調整」を図りつつある。しかし、「アメリカの対独参戦が日米戦に発展する」ことは自明だ。アメリカは「日独両国と開戦」した場合、「太平洋正面」では持久戦をおこない、「数年後の対日決戦」を企図している。日米交渉が不調の場合、アメリカは「対日接近」を断念し、日本との「経済断行」に進み、南方地域に対する「政治的軍事的進出」に努めるだろう。したがって、「日米全面戦争」となることは十分「覚悟」しておかなければならない。そう予想していた（田中「大東亜戦争への道程」第四巻）。

ただ、日米戦不可避との認識を強める田中でも、この時点では依然として、日中戦争を解決することによって、できればアメリカの対独参戦を阻止し、対米戦は回避したいとの姿勢を示していた。

また、田中は、ドイツが対英戦と並行するかたちで対ソ戦に突入するのは、「米国参戦」を促進することになる。したがって、日本が進んで「独ソ間の調整」を図るべきだと考えていた。

さらに、東南アジア方面についても、主に援蔣ルート切断の観点から対ビルマ工作に注目していた。「東南アジア将来の情勢の変化に即応する準備」としても、ビルマに「わが勢力の扶植を図る」必要があるとみていた。そして、ビルマさらにはシンガポールに対する攻撃拠点として、タイに航空基地を設営することを企図していた。これらは「対英作戦準備」として想定されていたのである（同右）。

松岡が日米諒解案を潰したのか？

ところで、日米諒解案が実を結ばなかった一因として、しばしば松岡洋右外相の責任が問われる。松岡の反発によって日米交渉が機を逸したという見方である。その点について、田中の分析をみてみよう。

日米諒解案着電五日前の四月一三日、松岡外相はモスクワで日ソ中立条約を締結し帰国の途についた。

だが、四月二二日に帰国した松岡外相は、外相である自分が関知しないところでまとめられた日米諒解案に不快感を示した。その日の夜、松岡の帰国を待って開催された、大本営政府連絡懇談会では、松岡は途中退席し帰宅した。

松岡を欠いた状態で続けられた連絡懇談会では、諒解案に原則同意の方向で、「成るべく早く話を進むるを可とする」に意見が一致した。その後、松岡は、五月三日に開催された連絡懇談会で突然、日米中立条約の締結を提議したが、あまりにも唐突な提案に出席者の賛同を全く得られなかった。そこで松岡は、ようやく日本側修正案を提案した。これは五月一二日、アメリカ側に提示された。

アメリカ側は、この日本側修正案を日本の正式提案として受け止めた。そして、日本側提案に対する米側対案が、六月二一日、アメリカ政府の正式提案のかたちで示された。

その内容は、アメリカが対独参戦した場合、日本は必ずしも三国同盟による対米参戦は行わない。日中戦争解決への米大統領の仲介のさいには和平条件についての日米間の合意を前提とする。通商無差別原則を中国にも適用する、というものだった。

また、日米間で合意すべき和平条件として、日中間の協定による中国からの日本兵の撤兵、非併合、無賠償、満州国に関する日中間の交渉などがあげられていた。日本の防共駐兵や日中間の経済協力については、今後の検討に委ねるとされた。

米参戦と三国同盟の問題、日米和平条件の復活は、明らかに五月一二日の日本側提案を否定するものだった。

このような内容は日本政府からみれば受け入れがたいものだった。米案は、間接的に満州国を否認し（日中間の交渉事項とした）、日本軍の駐兵を認めず、中国への無差別待遇原則の適用を求め、東亜新秩序を否定している。また、蔣政権と汪政権の合流にふれておらず、日中交渉の相手として、汪政権（南京政府）ではなく蔣政権（重慶政府）のみを示唆している。さらに、事実上三国同盟からの離脱を求めている。そう理解されたからである。

なお、この間、松岡外相は独ソ戦開始後、ただちにドイツと協同してソ連を攻撃すべきだと主張し、近衛首相ら閣僚のみならず、陸海軍の意見とも対立した。

松岡は日ソ中立条約締結から帰国後、ドイツのイギリス攻撃に呼応するかたちで、英領シンガポール攻撃を主張していた。だが、独ソ開戦とともに、中立条約締結直後にもかかわらず即時対ソ攻撃論を展開し、近衛らを驚かせた。

さらに、松岡は、日米交渉の打ち切りを強く主張した。六月二一日の米国案が事実上三国同盟からの離脱を求めていること、また、その際のハルの口上書（オーラル・ステイトメント）が、暗に松岡本人を非難していたことなどからだった。

しかし、近衛首相のみならず、陸海軍ともに日米交渉の継続を望んでいた。

そこで近衛はいったん総辞職し、松岡を排除するかたちで、七月一八日、第三次近衛内閣を組閣した（当時、首相に閣僚罷免権はなかった）。外相には、穏健派で海軍出身の豊田貞次郎前商工相が就任した。

田中は、米側提案直後、諒解案とは「似ても似つかぬ強硬極まるもの」となっており、アメリカの対日政策は、「宥和」から「強圧」へと転換したと判断した。すでに独ソ戦確実情報が日本にももたらされており、田中は、アメリカの対日姿勢の転換の背後には独ソ戦があるとみていた（田中『大戦突入の真相』）。したがって、「日米国交調整の機会」は、もはや過ぎ去ったと判断していた（田中「大東亜戦争への道程」第五巻）。

アメリカ政府は六月一二日頃、ドイツの対ソ侵攻の確証をえる。これを契機に、アメリカの対日姿勢は大きく変化し、それが六月二一日の米側提案に反映されていた。アメリカの態度変化は、よくいわれている松岡修正の影響というより、むしろ独ソ戦の確信によるものだった。田中の分析は的を射ていたといえる。

だが、日本側も米側提案到着の翌日（六月二二日）の独ソ戦勃発によって、その対応に忙殺され、日米諒解案による日米交渉の検討は事実上一時中断される。

第三章　ついに独ソ戦始まる

一、戦略の立て直しを迫られる

一九四一年（昭和一六年）六月二二日、ドイツのバルバロッサ作戦発動によって、独ソ戦が始まる。ドイツ軍三〇〇万（約一二〇個師団）は、機甲師団を中心に、一斉にソ連領内になだれ込んだ。

陸軍中央では、独ソ戦への対応をめぐって、大きな意見の対立が生じた。田中が主導する参謀本部作戦部と武藤らの陸軍省軍務局の方針が相違したのである。

田中らは、独ソ戦はドイツの電撃的勝利に終わり、必ず北方（ソ連）での好機到来となる。一方、南方では、不可避的に対英米戦に直面する、と判断していた。これに対して武藤らは、独ソ戦はドイツの勝利で短期に終結する可能性は低く、長期持久戦になるとみていた。また南方でも対米戦は回避すべきだと考えていた。

「この好機を利用して諸懸案を解決する必要あり」

田中は、開戦前六月九、一〇日の参謀本部部長会議で、次のように主張した。

「当面の問題としては、独ソ戦の場合に乗じて当方多年の問題解決に乗りだすかどうかである。しかしそれをやるには漫然好機を待つというのではなく、進んで好機を作為し捕捉する着意を忘れてはならない。……南北両方面ともに、この好機を利用して諸懸案を解決する必要あり。」（田中「大東亜戦争への道程」第五巻）

独ソ戦を目前にした田中は先に述べたように北方では「好機」に乗じるべきであり、南方では、英米との戦いは避けられない。したがって、いずれにせよ武力行使の意志を固めておく必要がある、と（松下編『田中作戦部長の証言』）。北方での好機とは、後述するように、ドイツの侵攻による短期間でのソ連の崩壊をさしていた。田中からすると、四月頃の独ソ関係が悪化するなか、戦略的に出口の見えない苦境から脱出し、より明快な「好機」が見えた、ということであろう。

この頃、田中は、ことに北方武力行使すなわち対ソ戦への強い意欲を示し、好機を「作為捕捉」して、武力を行使すべきとの強硬な意見をもっていた。

「六月九日……班長［有末次《やどる》参謀本部戦争指導班長］、部長会議の結果に基く修文案を第一部長［田中新一］と審議す。第一部長、好機を作為捕捉して武力を行使すべきを強調す。」（戦争指導班『機密戦争日誌』）

好機の作為捕捉とは、好機を意図的に作り出してでも、すなわち実際上は好機の有無にかかわらず、武力行使に踏み切ることを意味した。

田中は、こう考えていた。

独ソ戦になれば、英米ソの提携は強化され、アメリカは英ソの徹底的援助に努めるだろう。また、日本は米英蘭などによる経済圧迫を受けることとなる。したがって、西太平洋での米英の動きにそなえ、早急に第一補給圏である仏印とタイを完全に包摂し、南方の英領マレーやシンガポール、蘭印への攻撃基地として、南部仏印に所要の兵力を進駐させる必要がある。もし仏印当局が進駐を受諾しなければ、武力を行使してでも認めさせるべきである。また、現在の国策を推し進めていくかぎり、いずれ南方武力行使は不可避となる。

「独ソ戦えば、米英ソの提携強化は自然の勢いである。……米国は……直ちに英ソの徹底的援助に努めるであろう。……如何なる場合においても米英系勢力のこれ以上の南方進出を許さざる方針を堅持すべきである。これが為、南部仏印及び泰《タイ》をわが勢力下に収めることは、早急に措置する必要がある。……日本が現国策のままで行く限り、南方武力進出を不可避にされるものと覚悟しなければならぬ。……南部仏印及び泰の制覇は、速に実行すべきである。」（田中「大東亜戦争への道程」第五巻）

「仏印・泰は日本に取ってはいわゆる第一補給圏であって、どんな場合でもこの地域の物資を欠いては日本の物動計画は成り立たない。……〔また〕日本が戦略的にこれ〔南部仏印〕を活用できるならば、日本は東南アジア全域に対する重要なる跳躍台を獲得したことになるであろう。」（田中『大戦突入の真相』）

また北方については、ソ連への武力行使によって北方問題を解決する必要があるが独ソ間での戦況変化の「機微なる機会」をとらえなければならない。まず北方に「兵力行使の自由」を確保すべきである、としている。すなわち北方への派兵である。

「独ソ戦に対しては、その戦局の帰趨明らかに至るまで待機し、ソ連崩壊の兆《きざし》を見るに至って、北方解決のため好機に乗じ武力行使に出ることが必要である。若し独ソ戦が持久状態に入ったならば依然として待機すべきである。

北方解決は独ソ間に進行すべき作戦の機微なる機会に乗ずべきものであるから、先《ま》ず北方に兵力行使の自由を確保することが先決である。……独ソ戦が「ドイツの勝利で」短期間に終了するものならば、益々以て北方優先に徹する必要がある。」（田中「大東亜戦争への道程」第五巻）

このように独ソ戦を機に、南部仏印進駐と北方武力行使をともに実施すべきだと主張したのである。

ちなみに前年の一九四〇年七月、ヒトラーは、先に紹介したように、陸海軍首脳との会談において、対ソ侵攻の必要性について次のような趣旨の発言をしている。

イギリスの望みはロシアとアメリカだ。ロシアの崩壊は、日本への北方からの脅威を取り去り、日本に行動の自由を与える。そのことはアメリカへの脅威となり、アメリカがイギリス側に立って参戦することを困難にする。ロシアを打倒すれば、イギリスの最後の望みは消える、と（ワルター・ホーファー『ナチス・ドキュメント』）。

すなわち、対ソ戦は、イギリスの継戦意志を破砕するための手段だというのである。

田中も同様に、ソ連の屈服は、日本への北方からの脅威を取り除き、またイギリスのドイツに対する継戦意志を破砕することになると考えていた。大東亜共栄圏形成の最大の障害となっているイギリスの打倒は、日本の南方進出を容易にする。また、日本が北方の脅威から自由になることは、アメリカにとっても強い軍事的圧力となり、対独参戦を背後から牽制する効果をもつ。そう田中は判断していた。

国際的な窮地に直面

その一方、田中ら参謀本部は、日本をめぐる国際情勢への独ソ戦の影響を、次のようにみていた。


「［独ソ開戦をもって］……三国同盟対ソ連提携の望みは完全に清算される。日独関係も地理的に分断される。日ソ中立条約は極めて微妙かつ不安定なものとなろう。従って日ソ中立を背景の一つとした日米国交調整にも影響を与える虞《おそ》れが生じた。

米国は独ソ開戦に依《よ》って大西洋および太平洋二正面戦争の不利から解放せられ、三国同盟が作り上げた対米二正面牽制戦略は崩れ去るであろう。」（田中『大戦突入の真相』）

独ソ戦によって三国同盟と日ソ提携との連繋は消失し、日米交渉への日ソ中立条約締結効果も一気に弱まる。日独による対米牽制力も急激に低下する。そうなると、米英ソの連繫によって、日本は大きな圧力を受けることとなる。独ソ戦を「好機」と唱える一方で、その深刻なダメージ、戦略の行き詰まりも感じていた。

そのような国際的な窮地に直面した田中は、そこから脱却する道は、ソ連を打倒するしかないと考えたのである。そして、ふたたびドイツをイギリス屈服に向かわせ、日本の南方武力行使とともに大英帝国を崩壊にみちびき、アメリカを孤立させる。つまり、ドイツとともに、ソ連、英米との両面戦争を戦っていく。それが田中の世界戦略だった。

これ以後、田中は、関東軍特種演習（いわゆる関特演）や南仏印進駐などの戦略を打ち出していくが、それらはこの世界戦略のための方策であった。

「対米英親善」という選択

ここで興味深いのは、この時、田中が、国策の方向性について、独伊枢軸との同盟か、対米英提携かを、あらためて検討していることである。このことは本書冒頭でも触れたが、重要なので再論しておきたい。

「三国枢軸か対米英親善への国策転換か、実は今日日本はこの根本問題に当面せり。日本が若し枢軸を脱して英米と親善関係を結ぶことになれば、おそらくは日支和平は成立し、遂に独伊の屈服もしくは世界大持久戦争の展開を見るに至るべきも、その結果として日本が改めて米英ソ支の挟撃に会う危険は決して杞憂《きゆう》とは言えず。

予［田中］は如何にしても枢軸より米英陣営に移る危険を冒すことに賛するを得ず。又日本の中立政策への還元も空想と謂わざるを得ない。結局枢軸陣営において国策を遂行するの外なし。」（田中「大東亜戦争への道程」第五巻）

すなわち、「三国枢軸」の維持か、「対米英親善」への国策転換かを、日本の命運のかかる「根本問題」として、田中自身あらためて再検討しているのである。

もし三国同盟を脱して英米との提携に踏み切れば、日中和平は実現するだろうが、独伊が敗北するか、世界大持久戦争になるだろう。その結果、日本は米英ソ中から挟撃されることになる。いわば独伊日が各個撃破にあい、日本は世界で孤立し、これまでの植民地や勢力圏を吐き出すことを強要され、日中戦争前の状態に陥ることになると考えている。またかつて石原莞爾が主張していたような絶対不介入の中立の立場をとることも空想といわざるをえない。そして自身は独伊提携から米英提携への国策転換を極めて危険なものとし、独伊提携を維持選択すべきとの結論を出している。

一般には、昭和陸軍にとってドイツとの同盟は、当初から不変かつ自明の方針だったかのような理解があるが、必ずしもそうではなかった。陸軍内で最も強硬な親独派の田中でさえ、ドイツとの連携を脱する「対米英親善」を再検討しているのである。一方、武藤のようにドイツのソ連侵攻以来、独伊との提携に深刻な疑問を持つようになっていた軍人も少なくなかった。

昭和陸軍においても、ドイツとの関係を必ずしも固定的に考えていたわけではなかった。常に米英との提携など他のオプションも念頭に置いており、国際情勢についての一定の判断によって連携の相手を選択していたのである。

北進と南進

また、田中は同時に、独ソ戦への対処の問題についても検討している。田中は、かならずしも独ソ戦が短期に終了する場合のみを想定していたわけではなく、長期の持久戦となる場合も考慮に入れていた。前にも述べたように、短期にソ連崩壊の「兆し」があれば、それを「好機」として対ソ武力行使にでる必要がある。また、持久戦となった場合でも、一応「待機」しながら、両国間の戦況の「機微なる機会」に乗ずるために、北方への「兵力行使の自由」を確保するべきだと、考えていた（同右）。

具体的には、ドイツが短期間でソ連軍を撃破できず、持久戦の様相を呈してきても、極東ソ連軍の動向によっては、北方武力行使、すなわち対ソ戦を実行しようとしていた。参戦のチャンスがあれば、ソ連を東西から挟撃しようと考えていた。それによって、独ソ戦の早期終結、北方ソ連からの脅威の排除を実現させようとしていた。そのための準備が、後述する関特演だった。

六月九日、参謀本部部長会議が開かれ、前にも述べたように、田中は、独ソ戦を契機に、日本としては「漫然好機を待つ」のではなく、「進んで好機を作為し捕捉」すべきだと主張している（同右）。

なお、アメリカが対独参戦した場合、田中は「日本も参戦を決意しなければならない」として原則参戦の姿勢だった。ただ武力行使の時期については自主的に決定すべきと考えていた。「三国枢軸は堅持するも、之とは心中せず、之を活用し武力行使は自主的に決定すべき」との六月一〇日参謀本部部長会議了解を、田中も共有していた（戦争指導班『機密戦争日誌』）。

参謀本部部長会議の翌一一日、独ソ戦の国際的影響について田中は、次のように分析している。前に触れた部分と重なるところもあるが、その理路を詳しくみてみよう。

三国同盟とソ連との「提携」の希望は、独ソ戦によって完全に「粉砕」された。これにより日本は、三国同盟と日ソ中立条約との「矛盾」に直面することとなった。独ソ開戦によって日独は「地理的に分断」されることとなり、日本はドイツから切り離され、各個撃破の対象となる可能性がある。

また、「日米国交調整」にも何らかの影響があるだろう。アメリカは、「二正面戦争」の不利を軽減し、三国同盟が作り上げた「対米二正面牽制戦略」は重大なる「障害」に逢着している。それにともなって、「対英圧力」は急降下し、イギリスは「崩壊の悲境」から立ち上がるだろう。ドイツの「西欧短期決戦方針」は崩壊し「全欧を舞台とする長期戦争」となっていく公算が高い。このような状況によって、アメリカの「対日強圧」は一層強化され、「石油取得」は不可能になるだろう。したがって、日本としては「自給自存の態勢」を再確立する要は一層切実なものとなった。このためには「最小限の基本的態勢」として、仏印・泰に対する「施策」を速やかに実現しなければならない（田中「大東亜戦争への道程」第五巻）。

すなわち、独ソ戦によって日独伊ソの四国提携が崩れたことによって、米英への圧力が低下し、ヨーロッパでの戦争は長期化するだろう。またアメリカの対日姿勢は強硬となり、石油禁輸も考えられる。それに対処するには、仏印・タイを勢力下に収め、資源の自給自足態勢を整えなければならないというのである。

また、そのための仏印・タイへの施策として、南部仏印に進駐し、両地域を「軍事的結合」圏内に編入する必要がある。また情勢に応じてビルマへの進駐も念頭に置き、そのために武力行使も考えておくべきだ。南部仏印への兵力進駐の時期は、「独ソ開戦」と同時に速やかに実施すべきであり、米英も「真面目なる武力行使」によって、日本軍の南部仏印進駐を「阻止」しないだろう、としている（同右）。

このように、田中には独ソ戦を「好機」とみなす積極性と、ヨーロッパでの戦争の長期化と、それに伴って日本への「強圧」が増すだろうという、ネガティブであるが冷静な分析が同居していた。これが戦略家としての田中の資質だったのだろう。

二、「帝国国策要綱」の策定

一九四一年六月一四日、独ソ開戦に伴う国策案について、陸軍省部間で意見調整がおこなわれ、「情勢の推移に伴う国防国策の大綱」として合意された。

その主要な内容は次のようなものだった。一、独ソ開戦の場合でも、対仏印・タイ施策は促進しその経済圏を確保する。二、枢軸陣営の勝利が明らかとなれば、南方武力行使をおこなう。三、独ソ戦の推移が日本に極めて有利に進展すれば、武力行使によって北方問題を解決する。

四、米国参戦の場合、三国同盟義務遵守。武力行使の時機方法は自主的に決定する（防衛庁防衛研修所戦史室『大本営陸軍部大東亜戦争開戦経緯』第四巻）。

ここでは、北方武力行使が、独ソ戦が日本に極めて有利な場合、すなわちドイツ勝利が明らかとなった場合に限られている。また、南方武力行使も、枢軸陣営の勝利が明らかとなった場合、すなわちドイツが短期間でソ連を屈服させ、さらに英本土攻略が成功した場合が想定されている。これが陸軍省の見解だった。

つまり、田中ら参謀本部作戦部の主張である北方武力行使、南方武力行使について、武藤ら陸軍省軍務局も容認しうる場合に限定して、省部合意としているのである。たとえば、第三項に関連する文面から「作為」が削除されている。すなわち田中の「好機を作為捕捉」するとの主張は退けられたのである（戦争指導班『機密戦争日誌』）。この「国防国策の大綱」陸軍案の内容は、田中にとっては不満だったはずだが、この時の田中の記録には、特に議論になった形跡はない（田中「大東亜戦争への道程」第五巻）。その理由は現在のところ明らかになっていない。

一方、武藤ら軍務局は、前にも述べたように、独ソ戦はドイツの勝利で短期に終結する可能性は低く、長期持久戦になるとみていた。ソ連は、その広大な領土と豊富な資源、一党独裁による強靭な政治組織などから、容易には屈服しないだろうと判断していたからである。ただ、事態の予想外の展開によって早期にソ連が崩壊する場合には、北方武力行使に必ずしも否定的ではなかった。また南方武力行使についても、ドイツの侵攻によってソ連、イギリスが崩壊すれば、アメリカも容易に西太平洋に軍事介入することはないだろうと判断していた。ただ、ドイツの短期間での対ソ勝利は困難だと判断しており、日本にとってそう都合良くはいかないだろうとみていた。

一方、対仏印・タイ施策の促進すなわち仏印・タイの包摂の実行については、陸軍省・参謀本部ともに一致していた。

ただ、「国防国策の大綱」が合意される直前に、陸海軍局部長会議がおこなわれ、その席で、田中が海軍側に「対米英一戦の肚」はあるのか、と質問したのにたいして、海軍側は、いよいよの場合には「対米・英一戦に決する外はない」と答えている。だが、これを聞いて田中は、海軍では「対米英南方戦争」の決意はできていないと判断したようである（同右）。

対仏印・タイ施策に関して、田中は、独ソ開戦と仏印・タイへの「兵力進駐」によって日米交渉は「根本的に破綻」する。したがって、日米交渉は独ソ戦に先立って交渉を促進しなければならないと考えていた（その後、一週間余りで独ソ戦は始まってしまうのだが）。

また、独ソ開戦に伴う措置として、ドイツの対ソ基本方針は「ソ連の根本的処理」にあり、日本としてもドイツと事前に対ソ協定を結ぶ必要がある。独ソ戦が「早期結末」の見込みがある場合は、先ず北に「武力」を行使して「北方問題」を根本的に解決し、その後に「南方問題」の解決に向かう。したがって「本格的太平洋戦争の準備」を促進すべきだとの意見だった。独ソ開戦とともに、極東における「英米ソの結合」は強化されるだろう。これに対抗して、日中戦争を解決するには、「支那」自体に圧力を加え、「交戦権を発動」するとともに、仏印・タイを確保し、「ビルマ方面」を封鎖して、全ての「英米」援蔣ルートを遮断する。これを実行するには、「対米英一戦」の決意が必要だ。このような措置をとれば、「米国の全面禁輸」「武力包囲」を促進し、日本としては「馬来《マレー》・蘭印」への進出が不可避となる。田中はこう考えていた（同右）。

なお、田中はここで「太平洋戦争」との用語を使っている。第二次世界大戦中の日本の戦争の呼称について、従来使われていた「太平洋戦争」はアメリカ側が使用していたパシフィック・ウォーを翻訳したものであり適当でないとして、さまざまの呼称が提案されている。だが、「太平洋戦争」は当時の日本軍自身が使っていた呼称だったのである。

六月二〇日、陸軍の「国防国策大綱」への、海軍側意見が陸軍側に示された。それは、南方に対する「武力準備」の完整と「北方現状維持」を意図するもので、陸軍は「武力行使の決意なき武力準備」と受け取った。「海軍の真の肚」は対米戦を決しえないところにあると田中は推測している（同右）。

対ソ戦準備に向かって

一九四一年（昭和一六年）六月二二日、ついに独ソ開戦となった。同時にドイツ側から日本の対ソ参戦を正式に要請してきた。

これを知った田中は、ドイツの戦力は「日本の作戦協力を必要とせねばならぬ程度」のものだったのかとして、「独ソ戦の将来に重大な疑問」をもつことになる（同右）。

翌二三日午前、参謀本部情報部（岡本清福部長）は、次のような情勢判断を示した。ドイツの侵攻によってソ連は虚を突かれ、開戦数ヶ月でドイツが勝利し、スターリン政権は崩壊する可能性が高い。ソ連が撤退戦略をとり、独ソ戦が長期持久となることもありうる。だが、その場合でも、レニングラード、モスクワ、ウクライナ、バクー油田などを失い、ソ連は大幅な国力低下となる。作戦的には短期終結の公算大だが、戦争全体としては将来を予測しがたい（同右）。

陸軍省・参謀本部の局部長以下実務スタッフは、この情勢判断を検討した後、既定の陸軍国策案（「情勢の推移に伴う国防国策の大綱」）で進むべきことで一致した。

六月二二日の独ソ開戦をはさんで、「情勢の推移に伴う国防国策の大綱」陸軍案について、海軍とも協議が行われた。その結果、六月二四日、「情勢の推移に伴う帝国国策要綱」陸海軍案が作成された。

そこでは、独ソ戦について、当面は介入せず、対ソ戦備を整え、戦況が日本にとって極めて有利な状況となれば、北方武力行使に踏み切ることになっている。ほぼ「情勢の推移に伴う国防国策の大綱」陸軍案と同様の内容だった。陸軍側のみるところ、海軍は北方武力行使には消極的だったが、陸軍が南方から手を引くことを恐れ、南方施策に向けて、対英米戦争準備の基本態度を保持することを条件に了承した。

田中の回想によると、仏印・タイ施策を完遂することには陸海軍ともに一致していた。また田中は、北方武力行使を強く主張したが、海軍側は慎重で、武藤らと同様、短期のソ連崩壊の場合のみ可とした。さらに、海軍は南方への武力進出の条件はまだ満たしていないと判断していた。しかし、田中は、独ソ開戦とともに、日本の自存自衛の脅威は急速に増大するので、南方武力行使の決意も固めておくべきだとの考えだった。

その一方、ここではじめて「対米戦を辞せず」との強い表現が海軍側から示された。とはいえ、海軍首脳部はこの時点で実際に対米戦を決意していたわけではなく、陸軍が唱える北方武力行使論へのカウンター・バランスとしての文言だった、と田中は述べている（田中「大東亜戦争への道程」第五巻）。

この「情勢の推移に伴う帝国国策要綱」陸海軍案は、大本営政府連絡懇談会で検討・採択された後、七月二日、御前会議が開催され、ほぼ陸海軍案通り正式決定された。この決定は、その後の日本の進路を方向づけたものとして重要な意味をもつこととなる（なお閣議決定は統帥事項を除いて、御前会議前日の七月一日になされた）。

こうして独ソ戦の動向をにらんで対ソ武力準備を整えることが公式に認められ、田中ら作戦部は対ソ戦備強化に向かって動き出すこととなる。

この頃（七月一日）、作戦課長に、土居明夫に代わって、永田生前の統制派メンバーで作戦課作戦班長だった服部卓四郎（ノモンハン事件時の関東軍作戦主任参謀）が就く。参謀本部の実務中枢ラインが、田中作戦部長、服部作戦課長と、統制派系で固められたのである。

第四章　関特演と石油全面禁輸

一、対ソ戦準備としての関東軍特種演習

しばしば指摘されることだが、長年陸軍が想定、研究してきた「仮想敵国」はアメリカではなくソ連だった。

田中ら作戦部は、「帝国国策要綱」で対ソ戦準備を公式に認められたことから、一九四一年七月、北方武力行使を念頭に満州への陸軍の大動員を計画・実施する。

当時、関東軍は、平時編制の一二個師団で、三五万の兵力を有していた。田中らは、この関東軍を戦時編制にするとともに、朝鮮軍の二個師団と内地から派遣する二個師団をあわせて一六個師団で対ソ戦備を整えようとした。総兵力は、戦時編制一六個師団に、重砲隊・高射砲隊など軍直轄部隊と後方部隊を加え、八五万に達した。さらに馬一五万頭も動員され、それらの

輸送用に船舶九〇万トンが徴用された。

未曾有の陸軍大動員である。これら人員・物資の移動は極秘とされ、動員目的を秘匿するため、名称も「関東軍特種演習」（関特演）とされた。しかし、その実態は演習ではなく、対ソ戦のための兵力動員だったのである。

田中ら作戦部は、対ソ作戦期間を約二ヶ月と想定し、戦闘予想地域が冬季に入る一一月までには大勢を決しなければならないと考えていた。そのためには九月初頭には武力発動が必要であり、その作戦開始の意志決定は、八月上旬から中旬までにおこなわれることが必須だと判断していた。

武力介入の基準としたのは敵兵力だった。極東ソ連軍が対独戦への西方転用によって兵力が半減し、ことに航空機および戦車が三分の一に減少した場合に限り、武力発動をおこなう、としたのである。

ちなみに独ソ開戦前の極東ソ連軍の兵力は三〇個師団、戦車二七〇〇両、航空機二八〇〇機。これに対して関特演前の在満鮮日本軍戦力は、一二個師団、戦車四五〇両、航空機七二〇機で、関特演による増強を加味しても、戦局の帰趨を決する戦車・航空機は圧倒的に劣勢だった。

「対ソ武力行使は総じて、在極東ソ連総合戦力が半減することをもって武力発動の条件とする。

すなわち八月上中旬ごろにおいて、極東ソ連（樺太、カムチャッカ方面を含む）の地上軍（狙撃三〇個師団）が半減して一五個師団となり、航空（二八〇〇機）その他軍直属部隊（戦車二七〇〇両など）が、三分の一に減ずる情勢を判断し得るに至ったならば、九月初頭から武力発動に移りうるものと想定する。」（田中「大東亜戦争への道程」第五巻）

もし対ソ開戦に踏み切るのなら、一気に極東ソ連軍を撃破する必要があった。もし緒戦で大打撃を受けるようなことがあれば、北方武力行使が失敗するだけではなく、南方武力行使も不可能になる。その場合は、国防の自主独立も、大東亜共栄圏も夢想と消える。ことに緒戦での勝利は絶対条件であり、それには、ノモンハン事件の経験などから、師団数のみならず、戦車・航空機の比重が決定的な重要性をもっていたのである。

対ソ武力発動は、八月上中旬までの意志決定と、この極東ソ連軍減少の基準がクリアされるという、二つの条件によって事実上制約されていたといえる。

武藤の不在時に圧力

当初、作戦部は、北方武力行使の準備として、二十数個師団を基幹とする案を考えていたが、陸軍省の同意がえられず断念した。武藤ら陸軍省軍務局は、もともと独ソ戦は長期の持久戦となるとみており、北方武力行使には否定的だったのである（『石井秋穂大佐回想録』）。

　したがって、軍務局は、関東軍の現行一二師団の戦時動員実施にも慎重だった。六月二九日に、田中作戦部長が、主務課長である真田穣一郎《じょういちろう》軍務局軍事課長に、本格動員（戦時動員）実施を強く迫ったさいにも、真田は応じなかった。軍務局では、本格動員には国家レベルでの開戦意志決定が必要だと考えられていたからである。

　ところが、一九四一年七月上旬、武藤軍務局長がたまたま眼病治療のため勤務を休んでいた。その間、田中は、真田軍事課長に再度圧力をかけ、在満鮮部隊一四個師団の本格動員と内地航空部隊などの動員派遣に同意させたが、それ以上は真田は譲歩しなかった。やむなく田中は、七月四日、東条英機陸相と直接交渉し、東条の了承をえた。この時の田中の動きについて、西浦進軍事課員は、「東条さんが晩酌を飲んで気嫌がよくなったところへ田中さんがこっそり行って、大臣にうんと言わした」と回想している（西浦進『昭和陸軍秘録』）。翌七月五日、一六個師団を基幹とする総兵力八五万人の本格動員実施が陸軍内で決定された。北方武力行使に否定的な武藤軍務局長の不在を衝いてのことだった。

　関特演の動員命令は、七月七日と一六日に分けて発せられた。こうして総兵力八五万の大動員が実施されたのである。田中ら作戦部は、たとえソ連軍の崩壊が起こらなくとも、一定の条件が整えば、何らかのきっかけをつかんで、日独による対ソ挟撃を実行する考えだった。しかし、現状のソ連軍を圧倒できるような兵力はない。したがって、前述したように、極東ソ連軍の兵力が半減し、航空機・戦車が三分の一になることが作戦開始の条件となったのである。

それが、先に好機を「作為捕捉」すべき、と田中が主張したさいの「作為」の具体的な意味であったといえよう。「帝国国策要綱」では、事実上独ソ戦によるソ連軍の崩壊が、北方武力行使の好機として想定されていた。

だが、極東ソ連軍の西方対独戦線への移動は、田中らの期待通りには進まなかった。七月中旬の段階で西送されたのは五師団程度で、開戦前三〇個師団の一七パーセント、戦車・航空機その他の機甲部隊の西送は、三分の一程度に止まっていた。後述するように、対独戦線の状況が、ソ連にとって極めて厳しい状況に追い込まれていたにもかかわらずである。ソ連側も日本の参戦を強く警戒していたといえよう。

また、参謀本部情報部は八月はじめに、本年度中にドイツがソ連を屈服させるのは不可能だろうとする情勢判断をまとめた。

それでも田中は計画を断念せず、なお東条陸相と協議し、八月一〇日前後までに、対ソ武力行使を実施するかどうかを決定しようとしていた。

この頃、田中は日本をめぐる国際情勢と国策の方向性について、次のように考えていた。

「南北いずれを先にするか」

アメリカは「アイスランド進駐」を発表したが、これは「米国の欧戦参入」が既定方針であり、単なる時期の問題となったことを示している。

これにより日本は、「北方政策」は既定の方針通り推進するが、「南方施策」においては、「仏印」を日本の勢力下に置き、「泰国」は「日泰共同防衛」の関係における「独立国」とする。「ビルマ」には「革命政府」を樹立し、共同防衛関係を築く。これらの態勢を整え、マレー、比島、インドネシアを攻略しうる準備を整える。これは資源獲得、とりわけ「石油」獲得上の必要から考慮しなければならない。

このような南方作戦は、二つの段階に分け、第一段階として、「仏印、泰、ビルマ」を包摂する。第二段階では、「マレー、インドネシア、フィリピン」を攻略するとともに「対米英蘭戦」を想定する。この段階では「長期大持久戦」となる。

「南北いずれを先にするか」については「短期解決」が可能な方を手がける。したがって、「短期処理」の見込みがあるかぎり、まず「対ソ処理」を優先する。対ソ短期処理の見込みがなければ、「南方処理第一段」に着手する。だが、「南部仏印進駐」は、いかなる場合においても実施する。

北方・南方ともに長期持久化する場合には、北方の防衛に支障がないかぎり「南方先攻」も可とする。南方施策の主眼は「資源の確保」にあり、北方施策は「国防の安全化」を目的としている。いずれにせよ、「援英」のため「対欧武力参戦」を辞さないとの「米国の態度」は既に確立しているとみなければならない（田中「大東亜戦争への道程」第六巻）。

アメリカはすでに欧州参戦を決意しており、それに対処するには、南方資源を確保しなければならず、南部仏印進駐の実施は必須だというのである。そして、南北いずれが先かという問題には、「短期解決が可能な方」としていた。

第三次近衛内閣への警戒

一方、この時期、政府内では、日米交渉をめぐって近衛首相と松岡外相の対立が表面化、七月一六日、近衛内閣は松岡を外すために総辞職し、一八日、第三次近衛内閣が成立、海軍出身の豊田貞次郎が外相となった。

この政変について田中は、「北方解決の機運」を低下させる危険が大きく、新内閣は「対米親善、枢軸離反、北方無為」をうちだす虞れがあり、その政策に「一定の縛り」をかける必要がある（田中「大東亜戦争への道程」第七巻）。また、松岡の放逐によって近衛ら「対米協調派」の一方的台頭となり、その「対米媚態」は今後の対米交渉を一層不利にする。豊田外相のもと「対外政策の大転換」がなされ、「対米妥協、枢軸放棄」の傾向となり、「警戒を要する」とみていた（同右）。

七月下旬、第三次近衛内閣による外交政策の転換を警戒しながら、田中は、国際情勢について以下のように分析している。

独ソ戦が持久化し、スターリン政権は「ウラル以東の地域」に盤踞《ばんきょ》するおそれがある。その場合「米英ソ支」は最後の勝利に「邁進」するだろう。また、英米の「対ソ支援」を阻止する必要があり、それには、「印度、ビルマ以東」を日本が、それ以西の地域は独伊が担当し、支援ルートを切断しなければならない。しかも、「欧州戦争と日支戦争」は一体化し、全アジアが「一大戦域化」し「大アジア・太平洋戦争」に突入することになる。

そのさい、日本の「大持久戦略」の基本態勢は「インド・ビルマ・以東の南方要域」の確保が枢要となる。このような情勢下で、スターリン政権がウラル以東で健在な場合、「日本が対ソ開戦するかどうか」が重大な問題となる。このように情勢は「独軍予想」の通りには進んでおらず、ドイツがソ連をウラル以東に圧倒し、英国を一蹴することは「今や予想しえぬ」ことである。「対ソ戦面」は持久化し、「対英戦面」もまた持久化の「公算」が大きい。

したがって、ドイツが「対英妥協、対ソ妥協」に政策転換する可能性もあり、日本としては、

「独英妥協」という最悪の情勢にそなえ、日本単独での「対ソ北方開戦の決心」を固めておかなければならない（同右）。

独ソ戦の持久化のなかで独英が妥協することも考慮に入れ、北方武力行使の決意が必要だというのである。独ソ戦持久化の状況を、日本の対ソ開戦によって、独軍有利に転換させ、それによって独英妥協をも阻もうと考えていたと思われる。

ルーズベルトの「見解」

七月二四日、ルーズベルト米大統領は石油供給問題について見解を発表した。そこでは、もしアメリカが日本に対する石油供給を停止すれば、日本は一年前に「蘭印」に侵入しただろう、との趣旨がもられていた。

このルーズベルトの見解について、田中は「石油の対日供給の停止」が戦争を意味するものであり、その供給停止の時期が近づいたことを「示唆」するものだとして、アメリカの石油供給の動向を警戒している（同右）。

七月二五日、アメリカは在米日本資産を凍結した。イギリス、オランダもこれに続いた。

これを知った田中は、以下のように記している。日本には、アメリカが警戒している「蘭印、比島」に侵入する企図はなく、「仏印、泰の線」で一段落するつもりだ。しかし、それでもやはり情勢は安定しないだろう。「米英の資金凍結」、さらには来たるべき「石油禁輸」を考えれば、日本としては「南方作戦準備」に進む外ない、と（同右）。資産凍結を受け、石油禁輸を予想して、それへの対処を進めようとしているのである。

しかし、その「来たるべき事態」は、予想よりも早く到来した。それによって田中の戦略はまた崩壊し、再構築をせまられることになる。

二、石油全面禁輸と北進戦略の挫折

一九四一年七月二八日、すでに決定されていた「南方施策促進に関する件」に基づいて南部仏印進駐が実施された。

これに対して、八月一日、アメリカは日本への石油輸出強化措置を発表し、これが事実上の石油全面禁輸となった。

石油全面禁輸を知った近衛首相は、対米戦争を回避するため、ルーズベルト米大統領との首脳会談を企図する。田中ら参謀本部は、近衛が三国同盟を弱める方向でルーズベルトと妥協することに強い危惧をもった。

田中は日米首脳会談について次のように記している。

「話し合いの内容は必ずや従来よりも一層後退したものとなるべく、直接会談において更に一層後退することは必然である。悪くすれば枢軸脱退、英米依存に転換すること、支那を英米の手にゆだねること、東亜大陸の無差別通商。しかして日本が国際的孤立に陥る危険がある。」（同右）

すなわち、近衛は首脳会談で、三国同盟離脱、英米依存に転換する可能性があり、日本が国際的に孤立する危険がある、というのである。そして近衛には「白紙委任はできない」と主張した。

それに対して武藤は、首脳会談を陸軍が拒否すれば、近衛は内閣を投げ出す可能性がある。そうなれば政変となり、その責任を陸軍が負うこととなる、と田中らを説得した。

内閣更迭によって、さらなる政策転換が起きることを恐れた田中ら参謀本部は、やむなく、三国同盟を弱める約束をしないという趣旨の東条陸相発言を担保に了承した。田中は、「内閣更迭はややもすれば政策転換となって日本の対米政策と戦略とを誤まる結果となる」と考えていたのである（田中『大戦突入の真相』）。

ただ、その後も田中は、首脳会談により「妥協」が成立しても、「一時的」なものに過ぎず、「欧州戦争が片付いたのち日本は米英その他に袋だたきにあう」。つまり「数年ならずして再び太平洋に破局が来る」と考えていた。そしてその時には日米海軍の戦力比が決定的に不利な状況になり、「戦うに足るべき戦力」を持たない事態となることを恐れていた（松下編『田中作戦部長の証言』）。

しかしこの日米首脳会談は、アメリカ側が近衛の提案を受け入れず、実現しなかった。

北方武力行使を断念

陸海軍にとっても、アメリカの全面禁輸措置は、新たな国策の立て直しを迫られる事態となった。それはとりもなおさず、田中の大戦略の躓《つまず》きを意味した。

八月一日のアメリカ石油禁輸強化措置を、陸軍幕僚は、実質的には対日全面禁輸の発動と判断した（実際に全面禁輸となる）。これによって、陸軍参謀本部は、八月九日、年内の対ソ武力行使を断念する方針を決定せざるを得なくなったのである。

八月九日、田中は武藤軍務局長を訪ね、「北に対しては九月中には事を起こさない。南に対しては十一個師団をあてることと［し］、十一月頃までに準備を完了する心算だ」と述べた（『石井秋穂大佐回想録』）。

このような意見を田中は作戦部長として、塚田攻《おさむ》参謀次長とともに、参謀総長に意見具申した。杉山参謀総長はこの意見に同意し、参謀本部として、「今年中の北方武力行使の企図を放棄する」ことを決定したのである（同右）。

「年内対ソ武力解決は行わざるを立前とすることに決す。……かくして北方武力解決は明春以降に延期せらる。」（戦争指導班『機密戦争日誌』八月九日）

田中自身、八月六日のメモには、「北方を今年やらず」と記している（「参謀本部第一部長田中新一中将業務日誌」八分冊の六）。アメリカの対日石油禁輸によって、石油保有の現状から対ソ作戦を優先的に考えることはできなくなったと判断していた。

「一、統帥部情報関係の判断によれば、ソ連の屈服を本年中に期待することはできない。またウラル以東にスターリン政権が亡命することも予期できない。

要するに、独ソ戦関係の推移の関係からみれば、今年中に日本の対ソ武力発動を期待することは無理である。

二、米国の資産凍結、石油禁輸の影響、日本の石油保有の将来判断から、今や対ソ作戦、しかも持久化するような今の状況では、これを優先的に考えることは到底できなくなった。従って八月上旬頃に予定した対ソ開戦の決定は、全く不可能となり、今年の秋はこれを放棄するほかはない。」（田中「大東亜戦争への道程」第七巻）

ただ、「対ソ一六師団の警戒は益々厳ならしむ」とされ、関特演により動員された一六個師団は、ほぼそのままの状態で満州配置が継続された（戦争指導班『機密戦争日誌』）。南進時の北方安全確保のためだが、また「先ず南をやり、［来年早春］反転して北方を討つ場合もあり得る」との想定も伴っていた（「参謀本部第一部長田中新一中将業務日誌」八分冊の六）。

その一方で、田中は、この八月六日、「対英米戦は大長期戦」となり、軽々しく実行することはできない。「断行するにあたりては、大陸に不敗の長期戦態勢を確立するを要す」との意見も記している（戦争指導班『機密戦争日誌』）。田中もまた主観的には南北同時両面戦争には慎重だったのである。

アメリカの対日石油禁輸によって、戦略上きわめて重要な資源である石油の確保が難しくなり、北方武力行使は当面、不可能となった。すると、まずは南方地域を占領し、長期持久戦のための資源確保を実現するほかない。しかる後に、機会をとらえて、北方武力行使を実施する。これがアメリカの対日石油禁輸後に、田中が立てた戦略だった。

南方に進出すれば、英米との衝突は避けることが難しいことはわかっていた。その後、田中は、急速に対米英早期開戦論に傾斜していく。

南進への急速な転換

年内の対ソ武力行使の断念が決定された八月九日、参謀本部は、「帝国陸軍作戦要綱」を作成した。それは、一一月末を目標に南方への対英米作戦準備を促進することを基本方針としていた。

また、八月一三日には、「南方作戦構想陸軍案」をまとめた。これは、一二月初旬に開戦。翌年五月までに、マレー半島・シンガポールほかの英領植民地、米領フィリピン、蘭印の攻略を完成するなど、具体的な南方作戦方針を含んでいた。参謀本部は、北方武力行使を断念するや、南方武力行使に急速に転換したのである。

同日（一三日）、陸海共同で南方作戦の図上演習がおこなわれ、田中はそれについて次のような所感を残している。

まず、何よりも「先制攻撃」が優先されねばならない。次に、開戦理由に「亜細亜民族解放の主張」を強烈に織り込む必要がある。そして、陸軍としては、「対ソ作戦」を念頭に置いて

「大陸、印度支那半島方面」を支配下に置いてその安定を図る。さらに、開戦は「今年秋冬の交に行われねばならない」（田中「大東亜戦争への道程」第八巻）。

先制攻撃論とアジア民族解放の主張が注意を引く。

「即時戦争決意」を強硬に主張

一方、石油全面禁輸によって窮地に立った海軍は、「帝国国策遂行方針」を作成し、八月一六日、陸海軍局部長会議で陸軍側に提示した。

その内容は、一〇月中旬を目途として戦争準備と外交を並進させる。一〇月中旬に至っても外交的妥協が成立しない場合は、「実力発動」の措置をとる、とするものだった。

田中は、海軍案について、「開戦決意」がなく「国家意思決定」がなければ「最終的作戦準備を完遂しえない」との陸軍側の事情を考慮していないとして不満をもった（同右）。

このような考えにしたがって、田中は、即時対米開戦決意のもとに作戦準備を進めるべきだとして、参謀本部の戦争指導班に修正案を作成するよう指示した。

田中の考えはこうだった。

海軍はその性質上、開戦決意なくして本格的作戦準備をおこなうことが比較的容易だ。艦艇と航空機およびその人員の動員が基本となるからである。だが、陸軍の場合、海軍とは異なり、国家レベルの開戦決意がなければ戦争準備を整えることは困難である。陸軍の戦争準備の主要なものは、大規模な人員の召集や、軍需物資の予想戦場方面への集積、輸送用船舶の大量徴用などである。それらは、戦争決意が国家意志として示されない限り、本格的には促進しえない性質のものだ、というのである（同右）。

また田中の即時戦争決意論は、そのような物理的な理由からだけではなく、対米戦争の決意そのものを重視する意図からでもあった。

すなわち、戦争決意を既成事実化し、動かさざる大前提としようとしたのである。田中は、自分（および作戦部）が容認できるような内容で、アメリカと外交的妥結が成立する可能性はほとんどないとみていた。したがって、対米交渉を実質的には中止し、開戦企図を秘匿するための「偽装」外交に止め、戦略としては対米開戦一本に絞るべきとの意見だった。

「完全な戦略展開は、開戦決意をしなければできない。……その後は偽装N工作を続けるべきである。……開戦決意は遅くとも十月十日までに確立することとし、この時期までにN工作を打ち切ること。偽装N工作は継続する。」（同右。N工作とは、野村駐米大使による日米交渉をさす）。

石井秋穂軍務課高級課員は当時の手記にこう記している。

「帝国国策遂行要領を審議する過程で、田中は対米交渉を中止し戦争一本に絞れと叫んだ。……今ならまだ戦える。もう少ししたら歯が立たなくなる、という信念である。」（「石井秋穂の手記」『軍務局長武藤章回想録』）

田中の指示をうけ、参謀本部の戦争指導班は修正案を起案した。それは、九月中旬に至っても外交的打開がおこなわれない場合は開戦を決意する趣旨のものだった。

だが、田中は即時戦争決意を確立すべきだとして、これにも同意しなかった。八月一九日、戦争指導班は、即時戦争決意を明記した「帝国国策遂行要領」案を作成した。同案は、田中作戦部長、杉山参謀総長らの同意をえて、陸軍省に提示された。

これに対し、武藤軍務局長は、できるかぎり外交の余地を残そうとして、即時戦争決意には「難色」を示した。あくまでも日米交渉によって事態の打開を図ろうと考えていたのである。

陸軍省案は、戦争を「決意せずして」戦争準備を整えていこうとする趣旨のものとなった。参謀本部はあらためて戦争決意を明記した参謀本部案を決定。戦争決意をめぐって陸軍省・参謀本部の意見は相違していた（戦争指導班『機密戦争日誌』）。

もはやアメリカとの衝突は不可避

八月二五日、「帝国国策遂行方針」海軍案の提示を受けて、田中と武藤の会談がおこなわれ、そこでの議論を経て陸軍案がまとめられた。その骨子は、一、対米英蘭戦争を決意して、一〇月下旬を目途に戦争準備を整える。この間、対米英外交をおこない手段を尽くして要求貫徹に努める。二、九月下旬に至っても要求が貫徹し得ない場合はただちに対米英蘭開戦を決意する、との内容だった。

田中の即時戦争決意論と武藤の外交重視論の双方を取り入れたかたちのものとなっていた。田中の即時決意論は対米戦争回避論の武藤の意見とは正面から対立するものであったが、田中の記録によれば、この時は全く論争した形跡はない。田中・武藤ともに譲歩したかたちであるが、その経緯は今のところ分からない。

陸軍案が戦争準備の目途を一〇月下旬としたのは、参謀本部が戦争開始時期を一一月はじめと想定していたからである。石油備蓄の減少、日米海軍戦力比率の推移、北方の安全な冬季に作戦行動をおこなう必要、マレー半島攻略の季節的条件などから、それが望ましいと判断していた(この点は、海軍軍令部も、もし開戦となる場合は同様に考えていた。ただし参謀本部は、八月上中旬頃には、一二月はじめの開戦を想定)。

なお、田中は、来年春季以降の北方武力行使の可能性も考慮に入れ、冬季中の南方戦遂行を考えていた。

その間の八月一七日、アメリカ政府は日本の南方進出に対する警告文を示した。これについて田中は、「ただの脅かし」とみるべきではなく、米英協議の上での対日強硬策と判断していた（田中「大東亜戦争への道程」第八巻）。もはやアメリカとの衝突は不可避であるとする田中は、日米の艦艇比率や石油備蓄の関係などから、対米開戦は本年中に、できれば秋までに実施されなければならないと考えていた。

ちなみに、日米の艦艇比率は、一九四一年は対米七割五分だが、一九四二年には、アメリカの大規模な海軍拡張政策により、対米六割五分となる。さらに一九四三年は対米五割、一九四四年は、三割程度に下落すると推定されていた。つまり、来年以降は対米七割を切り、再来年以降は五割となる。そうなってしまっては、とうてい対米戦に堪えることはできないと、田中はみていた。その段階で日米紛争が起きれば、軍事的対抗力を欠く日本はアメリカに屈することになる。もし日米間で外交的妥協がなされるとしても、数年をしのぐだけのものでは、日米の国力差がますます広がるばかりである。両国間の安定が十数年は続くものでなくては意味がない、という意見だった。

「〔日米交渉が〕妥結するにしても、太平洋の小康数年ぐらいの目当てでは困る。少なくも太

平洋の安定が十数年続くという見通しの上にのみ、妥結がありうる。」（同右）

　八月二七日、陸海軍合同の部局長会議が開かれ、陸軍案についての検討がおこなわれた。その席上、岡敬純《おかたかずみ》海軍軍務局長は、対米交渉が決裂しても、すぐ開戦決意するのではなく、欧州情勢を見て開戦を決すべき、と主張した。これに対し、田中作戦部長は、九月下旬に至って要求が貫徹できない場合は外交を打ち切り、開戦を決意すべきだと反論した。

　ただ、田中は、この頃、次のような感想を残している。

　できれば「対米戦は回避しよう」と考えているのは、参謀本部も含め陸海軍ともに「同様」だ。しかし、一定時期までに外交的妥結ができなかった場合、陸軍は対米戦の決意をしなければならないと判断している。この点について、海軍側の真意がどこにあるのかわからない、と（同右）。

　対米最強硬派の田中でさえ、この時点でも、日米開戦はできれば回避したいと考えていたのである。だが、アメリカの対日全面禁輸の事態にいたり、一定の時期までに対米国交調整が不調に終れば、開戦せざるをえないと判断していた。武藤はその間の外交交渉に賭けていたといえよう。しかし、海軍は、なお態度が定まらなかった。

　翌二八日、陸軍の戦争指導班は、「対米英蘭戦争を決意して」を、「対米英蘭戦争の決意の下に」とする修正案を示した。海軍側は、開戦決意の時期を九月下旬から、一〇月中旬に変更する条件で修正案に同意した。だが、田中は、開戦決意の時期は、遅くとも一〇月上旬とすること、開戦決意時期において政変などによる国策変更をおこなわないことを要望した。

三、「帝国国策遂行要領」と日米交渉

一九四一年八月三〇日、陸海軍部局長会議が開かれ、議論のすえ、「帝国国策遂行要領」陸海軍案がほぼ決定された。

その会議で田中は、本格的作戦準備には「開戦決意」が必要であり、「国策確立」の上でなくては「最後的作戦準備」はなしえぬと主張した。岡海軍軍務局長は、これに反対し、「欧州情勢その他を勘案」して改めて国策を確立すべきと反論した。結局、妥協案として「対米英蘭戦争を決意して」を、「対米英蘭戦争を辞せざる決意の下に」と変更することで合意した。開戦の時機については一一月初頭とされ、開戦決意は一〇月上旬とすることで一致した（同右）。

この頃、田中は日米開戦問題について、次のように考察している。

今や「戦わずして屈するか、戦いて死中に活を求むるか」、日本は「存亡の関頭」に立って

いる。現状のまま推移すれば「二年後」には艦隊の行動は「不可能」となり、海軍作戦当局は「対米戦をやるなら今」であり、来年になれば最早「武力を以ての国防」を担当しえずと考えている。海軍の健在はあと二年、重要産業はあと二年、そして一九四二年には国家破綻となる。戦わずに屈すれば日本は「生存権」を米英に握られ、「独立自主性」を喪失し「三流国」となる。今アメリカに屈したとしても、日米間の安定と静謐を保障されるものではない。欧州戦争が片付いた後に日本が米英によって「料理」されることになり、戦わずして「米英に屈する」ことになる。したがって、「今戦う外はない」（同右）。

日米開戦以外に選択肢はないとしながら、その決断は十分な勝算に基くというより、「死中に活を求むる」厳しいものであった。

また日米交渉についても、「日米妥協」が成立すれば、三国同盟は実質的に「崩壊」するとみていた。その場合、「北方」に武力を行使すれば、南方よりの「補給」が阻止されるだろう。したがって、「対北方武力行使」は至難となる。また、日米妥結が契機となって「独ソ、独英妥協」に進み、「支那問題」のみが残るという「最悪の事態」となる可能性がある。このように三国同盟を「瓦解」させ、「支那」をして対日牽制に務めしめ、欧州戦局の「収拾」を図ろうとする「アメリカの奸計」を警戒しなければならない。

日本としては、独自の力で「支那事変の解決」に邁進すべきであり、「支那事変の目的」を達成できなければ、米英の「属国的地位」に陥るしかない。それが田中の危機感だった（同右）。

武藤との激論

九月二日、「帝国国策遂行要領」が陸海軍で正式決定された。その主な内容は次のとおりである。

一、対米英蘭戦争を辞せざる決意の下に、一〇月下旬を目途として戦争準備を整える。二、これと並行して米英に対し外交手段を尽くして要求貫徹に努める。三、一〇月上旬頃に至っても要求が貫徹できない場合は、ただちに対米英蘭開戦を決意する。

九月三日、大本営政府連絡会議が開かれ、御前会議に提案する国策の原案が承認された。そこで、陸海軍案の「要求が貫徹できない場合」が、及川古志郎海相の提案をもとに、「要求を貫徹する目途のない場合」に修正された。目途があるかどうかは判断の問題となり、開戦決意も、その判断によって、時期的な幅をもたせることができるようになったのである。この陸海軍案の一部修正されたものが、九月五日、そのまま閣議決定された。

九月六日、御前会議が開かれ、閣議決定により「帝国国策遂行要領」が承認された。一〇月上旬頃に至っても要求を貫徹する目途がない場合は、ただちに対米英蘭開戦を決意することが、国家意志の最高機関レベルで正式に決定されたのである。この決定は、その後の日本にとって極めて重大な意味をもった。この九月六日の御前会議で、昭和天皇が「四方《よも》の海みな同胞《はらから》と思ふ世になど波風の立ち騒ぐむ」と明治天皇の御製を読み上げたことはよく知られている。

なお、九月三日、大本営政府連絡会議の開催前、武藤軍務局長は「日米交渉に関する件」修正案を、参謀本部首脳に報告し諒解を求めた。

ここで田中と武藤の激論が起きた。

「第一部長［田中作戦部長］、局長［武藤軍務局長］と三国同盟の義務遂行に関する件……につき大論戦す。局長は稍々《しょうしょう》外交妥結の熱意あり。第一部長は全然なし。ここに両者論争の根因あり。」（戦争指導班『機密戦争日誌』）

石井秋穂軍務課高級課員は、「田中第一部長が三国同盟を厳重に遵守せよ」と強硬に主張し、武藤と激論となったと記している（石井秋穂『開戦に至るまでの政略指導』）。

石井はさらにこう述べている。

「元来われわれ軍務局側は、春以来、たとえアメリカが欧州戦争に参入しても、日本は馬鹿正直に三国同盟の条約に従って対米開戦することなく形勢を観望すべしとの洞ヶ峠《ほらがとうげ》案を持していたので、対米提案においてこの点を実質上有名無実にするような文句を使うことを辞せ［さ］ない腹構えでいた。したがって武藤軍務局長と田中第一部長との論争は果てそうにもなかった。」(同右)

武藤はアメリカが対独参戦した場合、形勢を観望すべきだと考えていた。それに対し、田中は三国同盟を遵守して対米参戦すべきとして、まっこうから対立したのである。

ただ田中も、アメリカの対独参戦にさいし、「いかなる時機において軍事的援助に入るべきやの最後的決定は、もちろん帝国政府独自の裁量に属す」と考えていた(田中「大東亜戦争への道程」第八巻)。米独戦に自動参戦するのではなく、「帝国政府独自の裁量」、すなわち日本の都合で参戦する、としていた。その意味では、形勢を観望すべきとする武藤と、全く相容れないものとも思われず、両者の対立は一見、程度の差だったかのようにみえる。

だが、その含意する方向性は、全く異なっていた。

この頃、田中は、すでに日米開戦不可避論となっていた。ただ、時期や方法は自主的に決定すると言っているのである。したがって、アメリカを太平洋、大西洋の両側から軍事的に挟撃し、米戦力を分散させるため、三国同盟は、絶対に必要なものだった。また三国同盟付属の秘密交換公文によって、そのことが可能だと考えていた。

これに対して武藤は、三国同盟の軍事的協力条項を事実上空文化すれば、対米戦を回避する可能性はまだあると判断していた。したがって、アメリカの対独参戦にさいして形勢を観望する、とは、可能なかぎり対米戦を回避して日米妥協の道を探るためだったのである。

この大方針の相違が、二人の激論の根本的な要因だった。

「日米交渉は明らかに見込みなき」

九月六日の御前会議（「帝国国策遂行要領」を承認）の後、田中は日米交渉の行方について次のように考えていた。

「日米会談」において妥協がなったとしても「実行」の点で「一致」しないだろう。その場合米国は、「物資の供給遮断」によって日本に「脅威」を与えるが、日本としては「泣寝入り」する外ないだろう。日本は「時日の遷延《せんえん》」とともに「国防の弾力性」を失い、米国に「頤使《いし》」せられることになる。これでは「国策企図の実行」は不可能となり、日本は「手も足も出ず」というような状態に陥る。

また、「駐兵の実施、日支特殊経済関係の確立」などは帝国存立の「絶対条件」であり、「経済封鎖」の危険性を含む日米間の協定は一切容認できない。協定ができたとしても、「即時実行」が保証されねばならず、「米英蘭」が即時に実行しなければ、「武力行使」に移る準備をしておく必要がある。中国における「撤兵、駐兵問題」では日米は折り合えぬ。既存の「日支取極」が尊重されなければならず、それが曖昧だと「完全撤兵」に追い込まれることになる（田中「大東亜戦争への道程」第九巻）。

このように田中は日米交渉の将来について極めて悲観的だった。それでもなお、「支那事変」の解決は、「日米交渉の妥決」に関連させて促進する必要があるとして、「米国」に「支那の妥協受諾」を強要させるという思惑は捨てていなかった。

その場合も、日米協定の成立が日本の「三国同盟脱退」とみなされ、英米ソに「対独妥協」の機運が生じる可能性があり、日本の「国際的孤立」につながりかねないと警戒していた。したがって、三国同盟の「堅持」は譲るべからざる一線であり、「対米協定」が成立したとしても、三国同盟の最低線は「堅持」しなければならないと考えていた（同右）。

前述したように、田中はその場しのぎの日米妥協は単に危機の先送りにすぎず、「国防の自主独立」を失うことをおそれていた。そして、アメリカの動きを次のように分析している。

ルーズベルトが米海軍の護衛する「米国船舶・艦船」に脅威を与える艦艇に「反撃」を加えるよう命じたことは、米国の「欧州戦争介入の企図」が露骨になってきたことを意味している。このような米側の動きからして、「日米会談の基礎」は破綻に向かいつつあるといわざるを得ない（同右）。

そして、九月二〇日には、ついに「日米交渉は明らかに見込みなき」との判断に至っている（同右）。

アメリカに「総合了解案」を通知

時間は前後するが、独ソ戦によって、一時中止していたものの、日米諒解案をめぐる交渉は続いていた。前述のように、六月二一日のアメリカからの修正案、八月一日の石油全面禁輸を受けて、近衛はルーズベルトとの首脳会談で事態を打開しようとする。一時はアメリカ側も興味を示したが、九月に入り、アメリカは厳しい条件をつきつけてきた。それに対する田中の反応も先に述べた。

九月二五日、日米会談についてのアメリカ側修正案を受け取った政府は、それに対する日本側修正案「総合了解案」をまとめ、アメリカに通知した。

その内容は概略次のようなものである。

一、三国同盟問題については、同盟の解釈と実施は自主的にこれをおこなう。二、中国撤兵問題については、一定地域において日本軍および艦船を所要期間駐屯させる。それ以外は、事変解決にともない撤兵する。三、通商無差別原則問題については、同原則は世界的に適用されるべきものとする。またそれは、隣接諸国間における自然的特殊緊密関係を必ずしも否定するものではない。日本は重要国防資源の利用開発を主とする日中経済提携をおこなうが、これは公正なる第三国の経済活動を制限するものではない。四、満州国の承認。

この「総合了解案」がまとめられるまでには、いくつかの軋轢《あつれき》があった。

例えば三国同盟については、田中が三国同盟の義務の明記を主張した。だが、日独間では、秘密の交換公文によって、対米参戦は日本の自主的判断で決める旨の了解がドイツ駐日大使との間で、すでに成立していた。したがって、最終的には田中も、三国同盟の解釈と実施は自主的にこれをおこなう、との趣旨で了承した。

その上で田中は、参戦の自主的決定は、決して三国同盟の軍事的協力義務を否定し、対米戦回避を意味するものではないとして、対米戦決意を強く主張した。もしアメリカがドイツに参戦した場合には、日米交渉の成否にかかわらず、時期の問題はともかく日本も参戦すべきとの意見だった。

中国撤兵問題では、陸軍省は、内蒙・華北への日本軍の駐屯を要求したが、それに海軍が、海南島など華南沿岸地方への船舶部隊駐屯を追加した。田中ら参謀本部も駐屯地域を内蒙・華北に限定することに難色を示したため、結局、駐兵についての表現は地域を限定せず、「一定地域への駐屯」とされた。

なお、翌九月二六日、大本営政府連絡会議において、「戦争決意」についての議論がなされた。陸海両統帥部長は、戦争決意の日を一〇月一五日と要望。これに陸相は理解を示したが、海相や文官閣僚は諒解せず、連絡会議の意見が割れた。田中によれば、近衛首相は両統帥部長の要望に「重大なショック」を受けた、とのことである（同右）。近衛は木戸幸一内大臣に「戦争開始ということとなれば、自分には自信なく、進退を考うる外なし」（木戸日記研究会編『木戸幸一日記』）と洩らし、木戸に、それでは無責任だと諭されている。その後、近衛は鎌倉の別荘に引きこもった。

同日、参謀本部では岡本清福情報部長による情勢判断が示された。そこでは、ドイツの短期作戦は完全に失敗し、長期戦に引きずり込まれつつある。また、ソ連は来年（一九四二年）六月頃には息を吹き返すだろう。したがって、来年に想定した対ソ武力行使は再考の要がある、とするものだった。この判断は、田中も含めて参謀本部で共有されたようである（田中『大東亜戦争への道程』第九巻）。

その後、「対米英蘭戦争指導要綱」が陸海軍主任者間で作成されていた。それについて田中は、できれば「米英分離」をはかり、「対英蘭のみの戦争」に限定したいと考えていた。だが「英蘭相手」の戦争を想定していても「米国」が参戦すれば、「主敵」は米国となる。ところが「日米会談」によって日米間は「急迫」を促進してきており、日米会談は、はからずも「米英蘭を一束にして戦わねばならぬ情勢」を作り上げたといわざるをえない。そう結論づけている（同右）。しかし、もとはと言えば、南進戦略、三国同盟の堅持が米英蘭一体を招いたとすれば、田中らの決断の帰結でもある。その責任を日米交渉に負わせようとするのも、田中の情勢分析の特徴のひとつといえる。

一〇月二日、アメリカ政府から日本の「総合了解案」に対する回答が到着した。そこでは、あらかじめ主要な論点について「了解」が成立していなければ、両国首脳の会談は危険だとして、首脳会談を受け入れがたいとの見解があらためて示されていた。この米側回答について大本営政府連絡会議が開かれた。

そこで豊田外相は、アメリカは徐々に日米間の「好転」を図ろうとしているのではないか、との意見を述べたが、東条陸相が、「米の真意」は明らかに「日本の屈服」を強いるものだと反論し、杉山参謀総長も東条に同調した。「両国妥協の余地」は全くないと考える田中はこうした動きを知って、連絡会議が「開戦決意」に踏み切れるか、それとも「空中分解」かの瀬戸際に立っていると危機感をつのらせていた（同右）。

連絡会議の議論を受け、一〇月五日、陸軍部局長会議が開かれた。その結果、外交交渉で目的を貫徹できるという「目途」は既になく、「開戦決意」の御前会議を奏請する必要があるとの結論となった。

翌一〇月六日、陸海軍局部長会議が開かれたが、そこで外交交渉に「目途なし」とする陸軍側に対し、海軍側は「外交的努力」をさらに進めるべきとし、意見が一致しなかった。田中は、海軍にも戦争の勝利について「一貫不動の信念」があったはずであり、ここにきて「二の足」を踏んでいるのは不可解だとして、海軍の態度に疑念を向けている（同右）。

この頃、田中は、駐兵・撤兵問題についてこう述べている。九月六日決定に対する批判の主なものは「支那駐兵問題」であり、「日支基本条約」「日満支三国共同宣言」に準拠して事変を解決するとの項目を修正すべきとの意見が露骨になっている。これは、駐兵・撤兵を「将来成立すべき日支条約」によって処理しようというものであり、一〇月二日の米覚書に答えようとするものにほかならない。しかし、駐兵・撤兵は現行の「日支基本条約」「日満支三国共同宣言」によるべきだ。そもそも駐兵・撤兵は、「純統帥事項」であり、これに関する外国との協定は「軍事協定」にほかならず、「第一部の担任」である、と（同右）。

中国駐兵問題は純粋な統帥事項であり、田中ら作戦部の意見を尊重すべきとの趣旨である。

陸海軍首脳たちの思惑

一〇月七日、陸海両総長の懇談が行われた。そこで永野修身《おさみ》海軍軍令部総長は、日米交渉に見込みはない。一〇月一五日が「和戦決意」の時である。交渉がずるずる延びて「戦機を失う」ことは相成らぬ。交渉はやったができなかったでは、統帥部としては手のつけようがなくなる、と話した。杉山参謀総長が海軍側では戦争に「自信がない」ということだが、と問うと、永野は、そんなことはない。戦争にきっと勝てるとは今までも言っていない。今なら算がある。先のことは勝敗は「物心の総力」で決せられる。もちろん国際情勢による。戦争になれば「持久戦争」だ。国民奮起の総力による。力相当の防衛をやることが必要だ、と答えている。

これを聞いた田中は、「要するに外交不信だ」、作戦準備や北方への考慮からして、開戦日時は「遷延」できなくなっていると判断した（同右）。田中の先制攻撃重視論からすると、永野の議論は不徹底なものとみえたのである。確かに永野の発言からは一貫した戦略はうかがえない。

同日（一〇月七日）陸海両相が懇談し、その模様を東条陸相は杉山参謀総長に次のように語っている。この時、田中も作戦部長として同席し、懇談内容を記録している。

懇談で東条陸相は、以下のように述べた。

国策の中心は今は軍部にある。中心は陸海軍にある。陸海分離を図る動きが現れてきた。また、「米覚書」の要点は三つある。第一に、日本が三国同盟から離脱することを要求している。第二に、「四原則」(一、領土保全と主権尊重。二、内政不干渉。三、機会均等。四、太平洋の現状維持)の実行を強要し、九ヵ国条約の「再確立」を企図している。だが「大東亜共栄圏」の前提は九ヵ国条約の「破壊」にある。ゆえに四原則は主義として認めらるべきでない。四原則の「支那」への適用は日本の死活問題だ。第三は、駐兵権の問題である。駐兵により事変の「目的達成」に努めることは当然であり、「北支・蒙疆《もうきょう》」に駐兵して日本の「権益」を保護することは当然である。撤兵は満州国の存立にも影響する。駐兵は「大東亜政策」の骨幹であり、最小限度の「絶対的要求」である、と。

それに対して及川海相は、米国の覚書には幅がある。外交上の見込みがある。開戦決意期限の一〇月一五日は必ずしも限定的なものではない。余裕があるはずである、と反論した。

東条は、戦争の勝利の自信はどうか問うたが、及川は、それはない。二年三年となると果たしてどうなるか今研究中だと答えた。ただし、これは「この場限り」にしておいてくれと付言した。これを聞いて東条は、海軍に自信がないということならば考え直さねばならない。重大な責任において変更すべきものは変更しなければならないと述べ、懇談を終えた。

田中によれば、のちに東条は、このときの海軍の態度について、九月六日の御前会議の際には戦争全般の見通しはなかったということになる、御前会議決定に対する「責任問題」だともらした、という（同右）。

近衛、「再検討」を求める

同日、東条は陸軍大臣として近衛首相とも懇談している。そこで近衛は、日米交渉において中国駐兵に関しては撤兵を「原則」とし、運用によって駐兵の「実質」をとることはできないか問うたが、東条は、絶対にできないと答えた。次に近衛は、四原則について「支那における機会均等」は認めるべきで、ただ「日支間」の地理的特殊関係をアメリカに認めさせればよいではないか。また、他の問題は合意ができ駐兵だけが残ったらどうするか。撤兵を原則とし「駐兵の実質」だけとる方法があるのではないか、と意見を述べた。これに対して東条は、四原則は一歩譲るとしても、「特例や制限」をつけることは絶対に必要だ。「駐兵問題」は絶対に譲歩できない。他の問題が全て解決しても駐兵だけが残る場合は、「その時になって考える」、と反論した。さらに近衛は、一〇月上旬に至るも要求を貫徹しうる見込みなきときは「直ちに対米英蘭開戦を決意す」との御前会議決定について、「直ちに」決意するのは困難で「再検討」が必要だと主張した。東条は、御前会議の決定に何かの「疑念」があるのか。いまさら疑念があるというなら「重大責任」となる、と近衛に詰め寄った。近衛は、「戦争の決意」に心配がある。作戦について「十分の自信」がもてない、と答えた。東条は、時期を遷延し「戦機」を失ってはならない。国家存亡の場合には、「目をつぶって飛び降りる」こともやらねばならぬ、と述べ懇談を終えた（同右）。この懇談内容は、東条から及川海相に伝えられた。

この懇談と海相の反応を知らされた田中は、総理、海相はいまだに日米の「巨頭会談」の見込みありと判断しているようだが、「どうしても理解しえぬ」ことだ。御前会議決定の「最後線」を崩すことを考えて、巨頭会談に「見込み在り」としているのだろうか、との感想をもった（同右）。

これらを踏まえて田中は、「総理・外相・海相の対米妥協派」が巨頭会談の実現で当面の危機を切り抜けようとしており、それが実現されれば「意外な情勢の展開」となるかもしれない。アメリカは「巨頭会談に応ずる意志」があるとはみえないが、対米妥協派は御前会議決定の「無効化、白紙化」によって事態の打開を図ろうとしている。したがって、日米妥協の場合の可能性もあり、その場合は「軍首脳部の交代、辞職」となるだろうと推測している（同右）。

「『帝国の存立』すら危うくする」

一〇月一二日、田中は、参謀総長に以下のような意見具申を行なった。

「総理・外務・海相方面」では対米交渉の余地ありと主張している。しかし総長としては「対米交渉に執着」することは、結局「戦機を逸する」危険が大きいことを再確認し、政府に対し

「国際的孤立」に陥り「帝国の存立」すら危うくすると申し入れる必要がある、と（同右）。

なお、これに先立つ一〇月一〇日、参謀本部内で、「対米英蘭戦争における作戦的見通し」が起案された。その担当者だった高山信武作戦課員に、長期持久作戦指導について、田中は次のような意見を述べている。

「防衛的戦略持久」のみではなく「攻勢による敵継戦意志の破摧《はさい》」は考えないのか。わが防衛線から外部への進撃も考えてみたらどうか。例えば、「フィージー、サモア」などの攻略によって、「米豪の遮断」を考えるとか、状況によっては「ハワイ、ミッドウェイ」などへの上陸、豪州一角への進攻等々、「好機を作為捕捉」して敵の意表を衝《つ》くのだ。また戦争の見通しについても、「世界情勢の変転と相俟ち、和平の機を把握する」との趣旨を記すべきだ。「戦争の結末」のことにふれないと、いったい何年間戦争を続けるつもりだろうとの疑問を抱く、と（高山『昭和名将録』）。

長期持久作戦中にも積極的攻勢が必要であること、戦争終結への見通しが不可欠であることを指摘しているのである。ただ、戦争終結についての田中自身の見通しについては語っていない。

ここまでの時点で、日米開戦に関する議論はすでに出そろっていた、と言っていいだろう。圧倒的な国力を持つアメリカとの戦いだけは避けたい、という考えは、近衛首相をはじめとする主要閣僚、海軍のみならず、武藤ら陸軍省幹部も共有していた。それに対し、田中らは、一時的にアメリカとの宥和が成立しても、その先に待っているのは「国際的孤立」であり、「独立自主性」すら危うくなるとして、対米戦不可避の立場から、開戦強硬論を主張したのである。その田中らにしても、対米戦は「死中に活を求むる」ものであり、戦争終結への見通しも立たないものだった。

次章で検討する、近衛内閣の崩壊から日米開戦までの過程はよく知られたものだが、田中のような開戦強硬論者の視点から見ると、また別の側面が見えてくるだろう。

第五章　東条内閣と国策再検討

一、第三次近衛内閣の崩壊

一九四一年一〇月一二日、近衛の私邸荻外荘において五相会談（近衛首相、豊田外相、東条陸相、及川海相、鈴木貞一企画院総裁）が開かれた。荻外荘会談ともよばれる。

まず豊田外相が、日米交渉にはなお妥結の余地がある。駐兵問題を何とかすれば見込みがある、と述べた。近衛首相も、米側に誤解があると思われるので、この点を検討すれば、妥結の道がある、と豊田の意見に同調した。しかし東条陸相は、自分の判断では妥結の見込みなしと思う。アメリカの現在の態度では自ら妥結する意志はない、と反対の意志を示した。

そこで及川外相が、外交で進むか戦争かの岐路に立っている。その決は「総理が判断してなすべきもの」である。もし外交で進み戦争を止めるのならばそれでもよい、との意見を述べた。

これに対して東条は、総理が決心しても統帥部が同意しなければ不可能だ。外交に納得できる確信があるなら戦争準備は止める。だが納得できる確信がなければ、「総理が決断をしても同意はできぬ」と反論する。

近衛首相は、「外交でやる」と言わざるをえない。「戦争に私は自信［が］ない」。自信のある人にやってもらわねばならぬ、と発言した。東条は、これは意外だ。それは「国策遂行要領」を決定するときに論ずべき問題でしょう、と応じ、ついに意見は一致しなかった（田中「大東亜戦争への道程」第九巻）。

田中はこの会談を「和戦に関する最後的会議」としている。内容は杉山参謀総長の部内報告で話されたものである（同右）。

この会談で、及川海相が近衛首相に判断を一任したことについて、田中はこう記している。「軍部殊に統帥部」は国防に関し政府の支配外に立っている。したがって「総理一任」は、軍部自らがその責任と義務を放棄したものである。海軍としては、「和戦の決定」を堂々と主張し、最後の決を総理一任とするならばよいが、和戦に関する意見を明らかにすることを回避し、ただ総理一任という態度は「責任回避」である。また、海軍の総理一任論は裏返せば「開戦反対論」である、と（同右）。

この荻外荘会談をへて、一〇月一四日午前、閣議が開かれた。

閣議開催前、近衛は東条に、日米交渉は難しい。駐兵問題を何とかすれば外交の見込みはある。一応撤兵の原則を立て「名をすてて実をとる」との方便によることとしたい、と話した。東条は、「駐兵、撤兵問題は支那事変の心臓」であり、「日米交渉の心臓」でもある。譲歩は「不可能」である、と答えている（同右）。

そして閣議となった。

東条陸相は、陸軍としては「外交交渉」を妨げることはしないが、同時に「戦争準備」を進めなければならない。御前会議決定では「一〇月上旬」には「和戦の決定」ができるはずだったのに、すでに「一四日」となっている。外交によって「日米関係の打開」に確信があるのか、と発言した。

これに豊田外相は、米側と話がつかないのは、「撤兵問題、三国同盟、日支間の特殊緊密関係」の三点である。しかしやはり重点は「撤兵」である。これをやれば見込みはあると思う、と答えた。

これに対して東条は、こう反駁している。

「駐兵、撤兵問題は支那事変の心臓」である。「アメリカの要求」に屈するならば、「支那事変の意義と成果」は没却される。撤兵が「満州統治」はもちろん「朝鮮統治」にも悪影響を与えることは明らかだ。非併合・無賠償など日本の「対支政策」は寛容そのものである。これまで多くの戦死者、負傷兵を出しており、国民にも多大な負担をかけている。

「北支・蒙疆その他の特定地域」に駐兵の態勢をとるべきだ。この態勢がとれないならば「満州事変の成果」は水泡に帰し、「支那事変で注いだ同胞の血」を無にすることになる。

撤兵を「看板」として駐兵の「実」を挙げるということは事実上不可能だ。「駐兵」は明確にしなければならない。すでに譲歩に譲歩を重ねた、これ以上譲歩をすれば「降伏」となり「屈服」となる、と（同右）。

「陸軍は引導を渡したるつもりなり」

閣議後、東条は杉山参謀総長に、「これで陸軍は引導を渡したるつもりなり」と伝えている。その夜、東条は鈴木企画院総裁を使者に立て、近衛に、「今までのことを御破算にして国策をもう一度練り直す以外はない。そこで陸海軍を押してもう一度練り直す力のあるものは臣下にはないから、次の内閣の首班には宮様にでて頂く外ない。それには東久邇宮《ひがしくにのみや》が最も適任とおもう。……どうか東久邇宮殿下を後継首班に奏薦することにご尽力を願いたい」と申し入れた。

この時点ですでに東条は新内閣による国策再検討を考えていたのである。

これら閣議内容およびその前後の動きを東条から聞かされた田中は、東条がもはや「近衛内閣の倒壊」は必至とみており、みずから「近衛首相や閣僚」に引導を渡したつもりだとみていた（同右）。

閣議が開かれた日（一〇月一四日）、田中はあらためて日米交渉に関わる「極東」情勢の見通しとそれへの対応を検討している。

それによると、もし日米交渉が成立すれば重慶政府は「アメリカ極東政戦略」の第一線となる。極東の「戦略均衡」が大きく変化し、その「安定勢力」が日本からアメリカに移る。「支那駐兵」がこの情勢に対抗しうる「唯一の方法」である。ソ連との「対決」においても「支那大陸」の要域を日本の「軍事勢力下に」置くことが「絶対的要請」となる。この面からも「支那駐兵」が要請される。このような「対応」のためにも「三国同盟の堅持」が必要だとしている（同右）。

この時点でも、日米交渉の成立の可能性を念頭に、中国駐兵と三国同盟の重要性を指摘しているのが興味深い。

同日（一〇月一四日）東条と木戸幸一内大臣との会談が行われ、田中はその内容を東条から聞かされた。それによると、東条は、近衛総理が日米開戦を「決断できない」理由は海軍が戦争に対する「自信」を表明しえないからだ。総理は「海軍に不安がある」とみている。真に海軍が「戦争ができぬ」というならば、「九月六日の御決定」を「再検討」しなければならない。次の総理にはこの事情を心得てもらわねばならない、と意見を開陳した。これに対して木戸は、従来の国策に「再検討」を加え、その後「内閣を交代する」というならよい。再検討の努力もしないで新内閣というのでは受け入れられない、として同意しなかった。東条はなお、海軍が今になって自信がないというならば、「一切御破算にして」出直す外はない、と政変もやむなしとの態度だった（同右）。

「陸軍が内閣の全責任をとるのは避けたい」

一〇月一六日、第三次近衛内閣が総辞職した。これは東条と近衛の衝突から閣内不一致となったことによるものだった。

田中はこの総辞職の原因をこうみている。九月六日の決定は本来「戦争計画」だった。それが「御前会議のいきさつ」から外交交渉と戦争準備という「和戦両様」のものになった。「近衛、豊田政権」により、アメリカとの「闇取引」によって「有耶無耶《うやむや》」にされたのだ。だが九月六日決定の実質は依然として「戦争計画」であり「国防政策」である。それは「統帥事項」を多分に包含しており、「統帥部」は重大な関心を払っている。この統帥部の「国防的関心」と近衛・豊田の「対米妥協政策」とが正面衝突したのが近衛内閣総辞職の主因である、と（同右)。

だが、この総辞職によっても、統帥部と対米妥協派との対立という問題は何ら解決されていないと田中は判断していた。

同日、田中は作戦部長として杉山参謀総長、塚田参謀次長と政局について懇談している。三人は、陸軍が次期内閣(「戦争内閣」)の全責任をとるのは避けたいとの意見で一致した。また、田中は、参謀総長が「政界」に出馬すべきではないと発言し、陸軍独自の意見で「政変」を起こすことは、事が「対米戦」という重大事だけに、慎重を期さねばならないとの意見だった(田中「大東亜戦争への道程」第一〇巻)。

一〇月一六日、再び東条と木戸の会談が行われた。そこで東条は、前回同様、海軍が戦争に「自信がない」のであれば、「一切御破算」にして従来の国策に「再検討」を加えるべきこと。内閣の更迭もやむを得ないこと、などを木戸に伝えている。田中はこれを東条から聞かされた。

同日、田中はその手記に、海軍は真に「対米戦に自信なし」なのか。条件づきの意思表示なのか。また、「海軍の決意」がないから対米戦は「回避」すべきとの意見は「近衛側の謀略的見解」ではないのか。海軍統帥部に「決意がない」とは思われず、海軍の真意を「聴知」する要がある、と記している。海軍側に対米戦の自信があるのかどうか不安をもっていたのである。

また、海軍省部の意見一致を求め、「軍令部と意見が一致する海相」を出すまで、陸軍としては「新内閣の組閣」に同意すべきでない。「支那事変」の解決のため、「駐兵」の主張は固守するが他の点はすべて「譲歩」するというようなことでは、「国防」は重大なる「難局」に遭遇するだろう、とみていた（同右）。

二、東条内閣の成立

一〇月一七日、重臣会議が開かれ後継首班について検討された。重臣会議は、木戸内大臣のリードで、後継首班に東条陸相を奏薦。東条に組閣の大命が下った。

東条に木戸は、天皇の「思召《おぼしめし》」として九月六日御前会議決定の白紙還元を求め（いわゆる「白紙還元の優諚《ゆうじょう》」）、東条は了承した。開戦決意と戦争準備を決めた「国策遂行要領」が白紙に戻されたのである。この白紙還元の優諚は木戸の考えによるものだった。

木戸が東条を選択したのは、天皇の意向を尊重し陸軍を統率できる人物だったからだとよくいわれている。しかし、それだけではなかった。すでに東条が「一切御破算にして国策を練り直す」と白紙還元の方向に同調していたからである。木戸は白紙還元による対米戦争回避を意図していた。

田中ら参謀本部にとって、白紙還元は「全く意外なる」ものであり、「戦機を逸する」結果となることに「大きな不安」をもっていた。しかし、彼らも「もはや致し方なし」と受け止めていた（同右）。

田中自身は、その手記に、白紙還元の優諚についてこう記している（執筆時期不明）。

「今や日本が直面した国策の白紙還元とは、言うまでもなく九月六日の御前会議御決定の『帝国国策遂行要領』の総括的破綻である。……九月六日御佳納あらせられたる日本の大本営・政府の対米施策が、六週間にして早くも、全面崩壊の危機に直面したことを示したのである。

今や十月半ばすぎている。十月上旬頃を目途としたわが外交上の要求を貫徹する見込みはない。……九月六日決定の外交工作は、早くも致命的に破綻し、また作戦準備は国策の白紙還元によって不発化された。……

対米戦争は……一九四一年十二月を最後の時期として、そこに戦勝を期待すべく……（四一年の戦争発起を逸するならば）日本が米国を相手として戦うことは、予見しうる将来に実現することはありえない。

すなわち白紙還元なるものは、……日米戦争放棄ということである。……尤《もっと》も白紙還元はしても、九月六日御前会議に含めた日本の対米戦争計画の枠を、守り通しうる可能性が、絶望とは言えない。」（松下編『田中作戦部長の証言』）

つまり、白紙還元は御前会議決定の破綻であり、日米戦争放棄だという。そのことは田中にとって全面的な対米屈服を意味した。

しかし、田中はなお事態は絶望的とはいえないと考えていた。再検討の結果、ふたたび対米戦決意の可能性がありうるとみていたのである。

東条内閣は「五里霧中」

翌一〇月一八日、東条内閣が成立した。

陸相は、陸軍三長官会議（陸相、参謀総長、教育総監）において、東条自身の希望で首相との兼任が決まった。これは木戸内大臣の意向によっていた。また東条は内相も兼任した。東京裁判の宣誓供述書によれば、戦争回避となった場合の国内の混乱に対処するためとされている。

海相については、海軍側は豊田副武《そえむ》呉鎮守府司令長官を推したが、豊田は東条との折り合いが悪く、東条が忌避した。そこで澤本頼雄海軍次官が及川海相留任を進言したが、及川が辞退し、結局、前軍令部総長である伏見宮博恭王が推していた嶋田繁太郎横須賀鎮守府司令長官が海相に決定した。

そのほかは、外相に東郷茂徳、蔵相に賀屋興宣、商工大臣に岸信介、内閣書記官長に星野直樹などが就き、企画院総裁は鈴木貞一が留任した。

この組閣について田中は、海相候補となった豊田副武は「陸軍側省部」ともに納得し得ざる「空気」が強く、嶋田海相についても陸軍統帥部は「多くを知らず」という状態だ、と記している。企画院総裁の鈴木貞一には武藤陸軍省軍務局長から異論があり、東条の内相兼任は「戦争回避の事態」を予想し、治安維持のために「憲警一本化」を図ろうとするためだ、と内情を語っている（田中「大東亜戦争への道程」第一〇巻）。

組閣するや、東条首相は、軍務局に指示して国策再検討項目を作成し、陸海軍の協議をへて決定。一〇月一八日夕刻の初閣議後、嶋田海相、東郷外相、賀屋蔵相、鈴木企画院総裁に、それぞれ関係項目について検討を指示した。参謀本部と海軍軍令部も検討に入った。

その後、田中は、作戦部長として作戦準備にとりかかっている。

前にも触れたように、田中ら参謀本部は、国策の「白紙還元」はまったく意外、「戦機を逸する」結果となるとの意見だった（同右）。もともと即時に開戦決意すべきとの意見だった田中らは、当初、国策再検討の結論が出るまでは、日米交渉は実質的には中止し、偽装外交に止めるべきだとして、その旨、武藤軍務局長に申し入れた。だが武藤は同意しなかった（戦争指導班『機密戦争日誌』、『石井秋穂大佐回想録』）。

田中らはともかく一九日から検討を始め、二一日には、「一〇月末に至るも我が要求を貫徹し得ざる場合には、対米国交調整を断念し開戦を決意す」との結論に達した。一〇月末日まで一週間あまりの外交交渉を認め、それ以後は交渉を打ち切るべきだとするものだった。杉山参謀総長は、一〇月末での外交打ち切りには疑問を示したが、田中作戦部長らに押し切られた（戦争指導班『機密戦争日誌』）。作戦部長である田中は、大本営連絡会議などの国策決定の場に出ることはなく、参謀総長を介して自らの意志を通していた。

対米英武力行使の期日は一一月七日より一二月八日の間の最適の日取りを選ぶとの結論となった。一月はじめより二月の期間は「四十風」とよばれる季節風があり、南方の「上陸作戦」に適切でないとの判断からである。国策の再検討は、この「好機」を無意味に逸する危険ありとみられていた。また海軍軍令部から「ハワイ攻撃」を包含する作戦方針を内定したとの知らせを受けている（同右）。

一〇月二一日、冨永恭次人事局長が田中を訪れ、木村兵太郎陸軍次官の意見として、「戦争を決意」する外ないが、木戸・近衛・鈴木の態度によって「控制」せられることが予想される。しかも彼らは海軍と「共同戦線」を張ろうとしており、それが成功すれば「戦争の決意」は結局できぬことになる、と伝えた。また冨永は、武藤軍務局長の「東条内閣は開戦内閣だ」との発言を田中に話している。この武藤の発言は、開戦を前提にしているかのようにも取れるが、田中がどう考えたかは分からない。ただし、「開戦内閣」という言葉については、田中は、東条内閣は「開戦決行内閣」であり「戦争遂行内閣ではない」との意味に、すなわち開戦後は東条は総辞職すべきだとの意味に解釈した。

いずれにせよ田中ら統帥部は、陸相として強硬論を唱えていた東条の「君子豹変的態度」に割り切れぬものがあり、東条内閣の国策は全く不明で「五里霧中」の感があるとして、不信感を持ち始めていた（同右）。

一〇月二二日、陸海両統帥部長が会談した。その場で、永野軍令部長は、「対米屈従外交は不可、厳に排除されなければならない」と主張した。この発言について田中は、海軍側は益々「強硬」になってきており、「国策再検討」に時間を潰し、開戦日を逸する「危険」を感じているからだろうとみている。

翌二三日、大本営政府連絡会議が開かれた。その席で両統帥部長は、「和戦決定」に機を失せざるべきことを「要望」した。

田中のみるところ、新内閣の「国策再検討」に関する態度が極めて低調だとして、両統帥部は新内閣の態度に対して「疑惑」を抱き始めている。一貫して「強硬姿勢」を示してきた東条首相が、「国策再検討」を始めるというのは不可解だ。国策再検討の条件で「組閣の大命」を引き受けたこと自体が問題であり、「政権把握の大芝居」を打ったのではないかという見方もある。統帥部は対米作戦の戦機を逸しないよう新政府の「監視」を要すとの姿勢だ。このように陸海統帥部は東条内閣に疑念をもっていると田中は考えていたのである（同右）。

三、国策再検討

一〇月二三日、大本営政府連絡会議で国策再検討についての実質的討議が始まった。そのポイントは、欧州戦局の見通し、対米英蘭戦作戦の見通し、物的国力判断の問題、対米交渉条件の緩和などだった（『杉山メモ』。以下、国策再検討関連の議論については同書による）。

欧州戦局の見通しについては、陸海軍情報部は、独英戦・独ソ戦ともに持久戦となり長期化するとしながらも、ドイツの優勢・長期不敗は揺るがないと判断していた。

田中も独ソ戦は当初のドイツ側の「壮語」とは異なり「期待外れ」だったが、ドイツ側の勝利は「不動のもの」との確信は持ち続けていた。少なくとも「不敗の態勢」はとりうると判断しており、「北辺の安全」は期待しうると考えていた。

だが、東郷ら外務省は、イギリスが独ソ戦間の余裕により国力を回復しつつあり、ドイツが「苦境に立つ」こともありうるとの予測だった。そして、イギリス自身は来年（一九四二年）は独英間は五分五分に、再来年はイギリス優勢となるとみている、と発言をしている。しかし、このような外務省の見解は重視されなかった。

なお外務省は、ドイツはイギリスに対し「早期和平」を望んでいるが、和平実現の公算は少ないとみていた。また、英本土に対するドイツの上陸作戦については、海軍軍令部が「不可能」との意見を述べたのに対して、陸軍側は「対英潜水艦封鎖」「対英航空作戦」などにより「不可能ではない」と反論した（田中「大東亜戦争への道程」第一〇巻）。またアメリカは、両洋（大西洋・太平洋）作戦が可能な戦備が整う一九四二年までは、日本を参戦させないよう努めるだろう、と陸海軍情報部は判断していた。

次に、対米英蘭戦の作戦見通しについて検討された。

まず、米英蘭の間に、日本の南方進出に対する共同防衛の了解があることは疑いなく、戦争相手をオランダやイギリスに限定することは不可能、との判断で一致した。ちなみに、すでに四月にはシンガポールで、対日戦を念頭においた米英蘭合同軍事参謀会議がおこなわれていた。

そのうえで陸海軍作戦部は、初期作戦は勝算ありとしていたが、その後は長期戦になると判断していた。ことに対米戦は、アメリカを武力で屈服させる手段がなく、長期戦の成否は、アメリカの軍備拡張に対して海軍の戦力を持続的に維持できるかにかかっている。それゆえ戦局の行方は、有形無形の要素を含む「国家総力」と「世界情勢の推移」による、とみていた。ここでの世界情勢の推移とは、独ソ戦、独英戦の動向を意味した。

アメリカを屈服させることは不可能

田中ら参謀本部作戦部は、こう考えていた。

初期作戦において東アジア、東南アジアにおける敵側の軍事的根拠地を破砕占拠する。その後の持久戦段階においては、満州、中国、南方資源地域を確保することによって、長期自給自足態勢を実現する。また、イギリス本土と東南アジア、オーストラリア、インド洋の交通路を遮断し、イギリスの物資補給に打撃を与え、その抗戦力を漸減させる、と（参謀本部第一部「対米英蘭戦争に於ける初期および数年に亘る作戦的見透しについて」防衛庁防衛研修所戦史室『大本営陸軍部大東亜戦争開戦経緯』第五巻）。

だが田中は一方で、日本の「南方作戦」の発動は「支那事変の解決」を困難にするとみていた。しかし他方、南方作戦における日本の「戦果」で、蔣介石ら「重慶指導者」に米英頼むにたらずという衝撃を与え、「事変解決」に踏み切らせる機会になりうるとも考えていた。したがって、南方作戦における「緒戦の戦果」によって「重慶の翻意」を促す方式で、「支那事変の解決」を企図すべきとの意見だった（田中「大東亜戦争への道程」第一〇巻）。

海軍側の作戦見通しは、開戦二年間は自信があるが、アメリカを軍事的に屈服させる手段はなく、三年目以降の帰趨は「世界情勢の推移」（ドイツの対ソ・対英勝利）などによるというものだった。海軍では人造石油は「至難」との結論に至っており、石油問題の解決は「南方進出による外に方法なし」と判断していた（同右）。

物的国力判断のなかでは、南方資源の海上輸送の確保と船舶損耗量が問題となった。これについては、民需用船舶三〇〇万トンを常時使用できれば、戦争の継続遂行に耐えうる国力の維持と国民生活の最低限の確保は可能とされた。ただし、船舶損耗見込み年間八〇—一〇〇万トン、新造見込み年間六〇万トンとされていた。

これでは総船舶量が年間二〇万—四〇万トン減少していく。当時（一九四一年）の総船舶量は六五〇万トンであり、陸海軍による徴用船舶量は三七〇万トンとされていた。この計算では、戦争三年目から軍の船舶徴用が民需用必要船舶三〇〇万トンに食い込んでいくことになる。戦争の継続遂行のための国力維持が不可能な事態となるのである（荒川憲一『戦時経済体制の構想と展開』）。だが、この点は立ち入った議論はなされなかった。

なお、日米の国力比較については、その大きな国力差は周知のこととされ、特に検討はされていない（ちなみに、当時アメリカの国民総生産は日本の約一二倍だった）。

対米交渉条件の緩和については、外務省の提案をもとに議論がおこなわれ、次のように合意された。

一、欧州戦争への態度つまり三国同盟の問題は、従来通り。すなわち参戦決定は自主的におこなう。二、ハル四原則については、アメリカ側の主張を認める。条件付きで主義上同意などの留保を付けない。三、通商無差別の原則は、全世界に適用されるべきとしたうえで承認する。近隣諸国との地理的特殊緊密関係に基づく重要国防資源開発など特恵的な日中経済提携の主張はおこなわない。四、中国における駐兵問題は、従来通り、蒙疆・華北・海南島に駐兵する。交渉においては所要期限二五年とするも可。ただし、それまでの対米交渉では、駐兵は一定地域として特定していなかったが、蒙疆・華北・海南島に限定。それ以外は二年以内に撤兵。

これらは、駐兵問題以外はかなり譲歩したもので、この合意が、ほぼそのまま対米提案の「甲案」となる。

ただ、この時、「一〇月二日米覚書」を全面的に容認すれば、日本は「三等国の地位」に転落するとの認識でほぼ全員一致していた（田中「大東亜戦争への道程」第一〇巻）。それゆえ駐兵問題では譲れないと考えていたのである。その意味では、先に見たような田中の対米宥和への懸念は、指導者の間でも共有されたものだったといえる。

国策再検討の最終日（一〇月三〇日）、永野修身海軍軍令部総長が、対米戦の作戦的見通しとして次のように発言した。「緒戦」における勝利には「確算」がある。だが米国を「屈服」させることは「不可能」で長期戦となる。戦争の終結は「国家総力」と「世界情勢の推移」によって決せられる。長期戦の維持が可能かどうかは、米国の「軍備拡充」に対抗して「海軍戦力を維持」しうるかどうかにかかっている、と（同右）。これが対米戦への軍令部としての最終判断だった。

乙案に猛反発

翌日、田中は参謀総長・次長と協議し、開戦決意の時期を一一月一三日とすることで合意し、連絡会議に提案した。ところが、この参謀本部案に東郷外相が反発し激論となった。休憩時間に杉山参謀総長は、田中作戦部長を呼び寄せ協議した結果、外交期限は一一月三〇日までとの譲歩をおこなった（同右）。参謀本部内での田中の発言力を示すエピソードといえる。

またこの日、再び外交交渉の条件の検討が行われ、東郷外相は、先の内容の甲案に加え、突然、それまで非公式にも議論されたことのない「乙案」を提案した。

その内容は、日本が南部仏印から撤退する代わりに、アメリカは日本に石油を供給する。また両国は蘭印において必要な物資の獲得に相互に協力する、との暫定的な協定案だった。いったん日米関係を南部仏印進駐・対日全面禁輸以前の状態に復帰させ、ひとまず日米緊張の沈静化を図ろうとするものである。駐兵問題を含む甲案での妥結は困難が予想されるので、別案として乙案を用意し、暫定的な妥結を図ろうとの意図からだった。

この乙案に杉山参謀総長・塚田参謀次長は猛烈に反発した。だが、武藤軍務局長は、休憩中に、東条も交え、杉山・塚田を説得した。杉山らは、日中戦争解決を妨害しないとの趣旨の文言を入れることを条件に、この説得を受入れ、乙案は承認された。

乙案採択を聞いた田中は憤然として極度の不満を露わにした。乙案は妥結の可能性が大きいと判断していたからである。対米戦をすでに決意していた田中にとっては、絶対に許し難いことであり、説得に動いた武藤に怒りが向けられた。

田中は作戦部長名で、武藤軍務局長に、「乙案妥結し国防弾発力に支障なきや」との詰問的な正式文書を送っている（『石井秋穂大佐回想録』）。前述のように田中は、時が経てば経つほど対米軍事バランスが不利となり、結局アメリカに屈することになると考えていたからである。

嶋田海相、開戦容認へ

国策再検討の終盤（一〇月三〇日）、嶋田海相が澤本海軍次官や岡敬純軍務局長ら海軍省幹部に、数日来の空気より総合すれば、大勢を動かすことは難しい。ゆえに、「此の際戦争の決意をなし」、今後の外交は大義名分が立つように進める必要がある、と語った（「澤本頼雄海軍次官日記」）。

嶋田は会議前には、外交はぜひ実行したい。できるだけ戦争は避けたい、と語っていた。澤本次官も、日米戦は結局長期戦となり、「長期戦は国力に依る次第にて、海軍としては自信なし」と海軍首脳部内で明言していた。澤本は、嶋田の開戦決意に対して、「大局上戦争を避くるを可とする」と同意しなかった（同右）。岡軍務局長もまた日米開戦には慎重な姿勢だった。

だが、嶋田は、このさい海相（自分）一人が戦争に反対したために時期を失したとなっては申し訳がない、として澤本らを押し切った。一貫して開戦に慎重姿勢をとってきた海軍省が、開戦容認に転換したのである。

永野軍令部総長ら海軍軍令部首脳は、政策が決定すれば和戦いずれにも応ずる覚悟あり、との態度だった。ただ、軍令部内部でも、伊藤整一次長は、緒戦はともかく、二年目以後は「説明の如き国家資源にては自信なし」として日米戦争回避のスタンスをとっており、福留繁作戦部長も、日米開戦には慎重姿勢だったが、それに代わる説得的な選択肢を提起できず苦悶していた（同右）。海軍は、次官、軍務局長、軍令部次長、作戦部長ともに慎重姿勢のなかで、嶋田海相、永野軍令部総長の二人のトップが、開戦やむなしとの判断を示していたのである。

この嶋田海相の態度変更は重大な意味をもった。それまで、近衛前内閣は御前会議決定履行を迫る東条陸相によって辞職に追いこまれ、九月六日御前会議決定が再検討されることになった。その背景には及川海相の慎重姿勢があったからである。だが、嶋田海相の姿勢転換によって海軍が開戦容認となり（軍令部も追認）、大本営政府連絡会議は、陸海軍ともに、日米開戦やむなしとの大勢となった。これにより日本の対米開戦意志は事実上決定したといえる。

田中から見た「国策再検討」

その翌日（一〇月三一日）、東条首相と杉山参謀総長との会談が行われた。

杉山は、本格的戦争準備を「一二月初頭」を目途に整え、外交は作戦を有利とする目的にそうように運営すべきだと主張した。東条は外交を作戦の手段とするような「偽装外交」はとうてい「陛下」に申し上げるわけにはいかないとして反対した。杉山は、今後の対米交渉においてさらに「条件を緩和」することがないか、と危惧を表明したが、東条は、対米交渉での条件はこれ以上「低下」することはあり得ないと述べた。

この点について田中は、海・蔵・企画各相は、ただ交渉を続け、最低要求をさらに低下して「妥結」を図ろうとしている。それでは「国防の自主独立」を失った妥結に陥る危険が多く、時日を遷延し「国防の好機」を逸する危険が大きい。したがって東条の意志に反して内閣と統帥部との衝突となる危険があるとみていた（田中「大東亜戦争への道程」第一〇巻）。

この頃、田中は、連絡会議における国策再検討の経過を振り返り、次のように記している。

第一に、「戦争決意」をしたといっても「開戦決意」がされていない。第二に、「遂行要領」に一二月初頭「戦争発動」の決意を挿入しなければならない。第三に、戦争決意と一二月初頭「武力発動」が決められなければならない。第四に、開戦決意は「一一月中旬」でなければばならない。したがって、外交交渉は一一月中旬まで、武力発動は一二月初頭となる。もし米側提案を全面的に受け入れる場合には、「米国の圧迫」なしとみるのは「虚妄」であり、「支那」から完全撤退せぬ限り圧迫の軽減は不可能である。第五に、三国同盟からの離脱は不可避的に「国際的孤立」となる。数年後には「米ソ支」による対日圧迫を受け「国家存亡の危機」に陥る（同右）。

このような立場から、一一月中旬開戦決意、一二月初頭開戦、三国同盟の維持を強く主張しているのである。

また、東郷外相より提起された乙案についての田中の見方は先にも触れたが、少し詳しくみておこう。

「乙案」は南部仏印進駐前の状態に復帰するもので、「航空揮発油」の供給はあてにならない。国防の不安と「支那事変解決」の困難性は一層高まる。対米戦の戦機を逸することになり、米国に戦争介入の諸準備のための時間を与えてしまう。だが日米間の「妥結」の可能性は相当に大きい。妥結が成立したとしても、それは「米国政戦略上」の一時的戦術であり、「統帥部」としては「反対」の態度を明確にすべきであろう。統帥部があくまで反対すれば、「内閣の倒壊」とならざるをえない。しかし、その後の「政局収拾」の確実なる「目処」は立たず、しばらく事態を「静観」するしかない。

乙案による日米妥協の可能性は高く、統帥部としては好ましくない事態だが静観するしかない。それが田中の判断だった。

ところが連絡会議では、東郷の提案を東条首相が支持し、「陸軍統帥部」としては政変を回避するため「譲歩」せざるをえなかった。この事態に田中は、乙案が成立しても、それは米側の「謀略的」な一時的宥和であり、半年後には「対米一戦」か「大東亜共栄圏の放棄」かに追い込まれる。だがその時は日米艦艇格差の拡大によって日本はもはや「戦えなく」なっている、と危機感を高めていた（同右）。

幻のアメリカ「暫定協定案」

一一月二日、大本営政府連絡会議は、再検討の結果に基づいて、あらためて「帝国国策遂行要領」案を決定した。その主要な内容は以下のとおりである。

一、武力発動の時期を一二月初頭と定め、陸海軍は作戦準備を完成する。二、対米交渉は、別紙要領によりおこなう。三、独伊との提携強化を図る。対米交渉が一二月一日午前〇時までに成功すれば、武力発動を中止する。そして、別紙対米交渉要領には甲案、乙案が併記された。

一一月五日、御前会議が開かれ、「帝国国策遂行要領」（甲案・乙案を含む）が正式に決定された。原則的には、九月六日の御前会議決定に事実上回帰したのである。

対米交渉の甲案と乙案は、御前会議決定前の一一月四日、野村駐米大使に打電された。野村は、まず甲案を一一月七日にアメリカ側に提示したが拒否され、一一月二〇日に乙案を示した。

一一月二一日、甲案不成立を知ると、田中は、乙案による「妥結の見込み」はほとんどなく、乙案が拒絶されれば「開戦」の外はない、と判断した。翌日、連合艦隊に「布哇《ハワイ》奇襲」の命令が発せられたとの通知を受けとっている（田中「大東亜戦争への道程」第一一巻）。

日本国内で事態がこのように推移しているなか、アメリカ政府は、乙案に関心を示した。対日戦を先延ばしにして、フィリピンその他での戦力増強のための時間的猶予を望んでいたからである。米政府は、七月の極東アメリカ軍創設後、九月頃から、B－17大型長距離爆撃機部隊の配置計画など、フィリピン軍事基地の強化を進めようとしていた。

米国務省内では、その対案として、北部仏印の日本兵力を二五〇〇〇以下とし、両国の経済関係を資産凍結以前の状態に戻す旨の「暫定協定案」が作成された。そして、ハル国務長官は、乙案に対して、石油禁輸などの経済制裁を三ヶ月間解除し、さらに延長条項を設ける暫定取り決め案ではどうかと、口頭で野村大使らに示唆した。その上で、英蘭中などの同意を求めたうえで、正式に日本側に提示すると述べた。

米国務省の暫定協定案は、間もなく、イギリス、オランダ、中国（蔣介石政権）などに内示された。日本の南進に脅威を感じていたオランダは賛成したが、蔣介石政権は、中国の抗戦意欲に打撃を与えるとして強硬に反対した。この中国の主張にイギリスが同調し、結局、暫定協定案は断念された（福田『アメリカの対日参戦』）。

四、ハル・ノートの到来

一九四一年一一月二七日、ハル国務長官は、乙案に対する回答として、いわゆる「ハル・ノート」を提示した。その内容は、ハル四原則の無条件承認、中国・仏印からの無条件全面撤兵、南京汪兆銘政権の否認、三国同盟義務からの離脱を求めるものだった。

ハル・ノートを受け取った東条首相は、その内容に愕然とした。東郷外相も激しく失望した。両者ともに、もはや交渉の余地なく、開戦やむなしと判断した。

ハル・ノートを知った田中は、「来たるべきものがきた」との感をもった。その内容は実質的に「対日最後通牒」であり、「宣戦布告」だと受け止めた（田中「大東亜戦争への道程」第一一巻）。

それを受けて大本営政府連絡会議が開かれ、ハル・ノートにより「非戦派閣僚」も一気に開戦論に転換した。対米開戦で閣僚の意志一致がなされたのである（同右）。

田中は、これをアメリカが極東侵略政策をあらわにしたものと受け止めた。

ハル・ノートは日本の「アジア解放」政策たる「大東亜共栄圏政策」に敢然と挑戦したものであり、「ワシントン体制」の復元を強要するものと断じた。日本の「東亜新秩序政策」と正面衝突するものであり、満州を含めた「全支」から全面撤兵を要求し、「満州建国」や「汪政権」の解消を要求するものと解釈した。それによって満州事変以来十年の日本の経営は「水泡」に帰する。「対ソ対支」国防は危殆《きたい》に瀕することになる。

また「支那大陸」は完全な「赤化」か、「モスクワ帝国主義」と「米英帝国」との争奪戦場と化する。米国は米英支配下の「植民地支那」を未来に描いている。日米英支ソ蘭泰七ヵ国の多辺的不可侵条約によって「集団的平和機構」を作ろうとしているが、それは「架空論」であり、その結果はアジアの「大混乱」を造り出すに過ぎない。仏印を米英支ソ蘭泰六ヵ国の「共同保証」の下に置くことを提議しているが、これは日本の「南進政策」を阻止するための「鉄壁」を築こうとするものに他ならない。ハル・ノートの意図は結局のところ日本の「主導的地位」の覆滅にある。こう田中は判断していた（同右）。

ハル・ノートという「天佑」

田中は、ハル・ノートの到来は、日本にとってむしろ「天佑《てんゆう》」だとみた。これで日米開戦に消極的な東郷外相らも開戦を決意せざるを得なくなり、国論も開戦に一致するだろう。開戦方針貫徹のためには、情勢は一気に好転した、との認識だった。

「ハル・ノートが日本のためには、あたかも好機に到来したことは、むしろ天佑であるといえる。このような挑戦的な文書をつきつけられては、東郷（外務）、賀屋（大蔵）の両相も、もはや非戦的態度を固辞し得なくなるだろう。これで国論も一致するであろう。……要するに来るべきものが来たのだ。……既定の開戦方針貫徹のためには、「田中自身にとって」情勢はこれで一気に好転したのだ。」（田中「大東亜戦争への道程」第一一巻）

田中にとって、ハル・ノートは、ワシントン体制、九ヵ国条約体制への復帰を強要するもので、大東亜共栄圏政策、東亜新秩序建設と正面から衝突するものだった。

田中は仏印のみならず、満州を含む全中国からの全面撤兵を要求し、汪政権や満州国も解消することを求めているものと理解した。満州国の否認について文面上は明言していないが、日米の力関係からして事実上そうなっていくとみていた。それは、日本の満州事変以来の全ての努力・営為を否定するものだと考えたのである。

ハル・ノート受領後、田中は、次のような情勢判断を記している。「南方戦争」は東南アジア地域に限定されることなく「印度、豪州」に発展していき、太平洋における「全面的長期持久戦」となっていくのは「必至」だ。

また「欧州戦争」は「独伊完勝」の夢は過ぎ去ったが、欧州戦全局としては「持久長期戦争」となるだろう。イギリスの「海上封鎖」の実現は相当困難で、陸上防御態勢も強化され、イギリスを「全面的に席巻」するがごとき部隊の上陸はほとんど不可能になった。したがって「従来の対英判断」「独逸の対英攻撃の能力判断」は再検討の要がある（同右）。

それでは、このような情勢にどう対処すべきか。海軍は太平洋正面は二ヵ年は「大丈夫」と保証している。海軍が二年間西太平洋の「制海権」を維持し「南北の海上交通」を安全にし続けるならば「長期戦争態勢」は確立しうる。しかし二年間の「西太平洋維持」が挫折するなら「戦争指導」は崩壊の危機に直面することになる。

また、ドイツの欧州における「不敗態勢の確立」が日本の「戦争指導上の一大要因」であるが、現時点で必ずしもドイツ有利とは言えないにしても、ドイツの不敗は間違いない。いずれにせよ太平洋地域での戦争の勝敗は、結局「飛行機と船」の問題である。田中はこう結論づけている（同右）。

太平洋戦争、始まる

一方、大本営政府連絡会議は、一一月一五日、戦争終結の方針として「戦争終末促進に関する腹案」を決定した。これは陸海軍省部の主任担当者の間ですでに合意されていた「対米英蘭戦争指導要綱」の一部をほぼ踏襲した内容だった。その要旨は、アメリカを直接屈服させることはできず、独伊と提携して英の屈服を図り、米の継戦意志を喪失させる、というものだった。これが当時考えられていた戦争終結の唯一の方法だった。このような「腹案」の方針が、国策レベル（大本営・政府）での最高戦争指導計画ともいうべきものとなった。

田中ら作戦部も、当面の方針としては、これに同意していた。だが田中は、かねてから考えていた対ソ武力行使を断念したわけではなかった。

一一月二七日、ハル・ノートの骨子と対米交渉不成立の連絡を受け、大本営政府連絡会議は、一二月一日開催の御前会議において開戦決定をおこなうことを申し合わせた。事実上開戦を決定したのである。また、宣戦布告は開戦翌日におこなうとされた（その後、宣戦布告は開戦当日に変更される）。

一一月二九日、大本営政府連絡会議において、「対米交渉はついに成立するに至らず、帝国は米英蘭に対し開戦す」との御前会議開戦決議案が採択された。

一二月一日、御前会議において対米英蘭開戦が正式に決定された。事前の閣議決定はなされず、御前会議に全閣僚が出席し御前会議決定を閣議決定とした。全く異例のことである。

この御前会議後、参謀本部作戦室に主要幕僚が集まった。その席で田中は次のような発言をしている。

「開戦の責任」は主としてわれわれにある。「独ソ戦の推移」は気になるが、来春にはドイツがソ連を圧倒するだろう。「支那事変」を今次戦争と切り離して解決することが望ましかったが、致しかたない。今となっては「南方戦争の一環」として処理する方策を採るべきだ。ソ連の崩壊、支那の脱落、英国の屈伏により、「米国」は世界に孤立する。たとえ米本土を攻略せずとも、「和平の機」は到来するであろう、と（高山『昭和名将録』）。これが田中における戦争の見通しだった。やはりドイツの勝利がすべての前提となっていた。

翌日、両統帥部長は参内し、「月齢と曜日の関係」から開戦日時を「十二月八日」とすることを奏上した。海軍機動部隊の「ハワイ空襲」を念頭に置いたものだった（同右）。

一二月八日、日本軍はハワイ真珠湾を攻撃するとともに、英領マレー半島に上陸を開始し、ここに太平洋戦争の火蓋が切られたのである。

第六章　日米開戦後の戦略と作戦部長更迭

一、ミッドウェーまでの戦争指導

対米開戦後、田中は参謀本部作戦部長として、陸軍の作戦計画を主導することとなった。

一九四一年（昭和一六年）一二月八日、日本は真珠湾を奇襲。アメリカ・イギリスに宣戦布告し、全面的な対米英戦争に突入した。

真珠湾攻撃の約一時間前、日本軍は英領マレー半島のコタバルに上陸し、本格的な南方攻略作戦が開始された。

同日、田中は、海軍の真珠湾攻撃について、「史上未曾有の大作戦」であり、「前代未聞の大成功」だとして、「わが海軍に絶大の敬意を表する」と祝福している。そして、これによって「太平洋戦争の主役たる海軍の肚もいよいよ固まり、南方要域に対する作戦の成功もいよいよ保証された」と安堵している（田中新一「大東亜戦争作戦記録」其一）。

翌日、今後の戦争指導として、これから日本軍の占領下に置かれる地域について、「現地政権はそのまま存置させ」、これらと「単独講和」もしくは「休戦協定」を結び、さらには「共同防衛」もしくは「軍事協定」を締結するよう措置すべきとしている。その上で「独立国家」へと導くべきだとの考えを打ち出している（同右）。

一二月一〇日、英新鋭戦艦プリンス・オブ・ウェールズと巡洋戦艦レパルスが、マレー沖で日本海軍航空戦隊に撃沈された。攻撃機は南仏印のサイゴンから発進したもので、両艦沈没によりイギリス東洋艦隊は壊滅的打撃を受けた。

一二月一三日、田中は、今後の戦争指導方針について、海軍当局は、太平洋における「追い討ち的作戦」を強化して「対米早期決戦」を強要しようとしている。だが陸軍作戦当局としては、海軍の「太平洋正面での早期決戦案」は結局「攻勢の限界点」を越え、かえって危険であり、「印度―西亜正面」の作戦を掣肘《せいちゅう》することになる、として警戒的だった。陸軍としては「南方要域の不敗体制の確立」さらには「印度洋方面での作戦強化」を望んでいたのである。

一二月二三日、「世界戦争の前途に関する判断」と名付けて、「大東亜戦争」を三期に分け、第一期を西南太平洋の攻略作戦の時期、第二期を西亜（西アジア）・ソ連を中心とする陸戦およびインド洋戦の時期、第三期を太平洋海上決戦、と区分している（防衛庁防衛研修所戦史室

『大本営陸軍部』第三巻)。

それをもとに、第一期に属する現在の戦局では、「武力的決戦」の促進に焦慮するよりも、「長期持久の覚悟」に徹し「国力・戦力の造成」に力を致すという一面が特に重視されねばならぬ、と指摘している(田中「大東亜戦争作戦記録」其一)。「武力的決戦」は第三期もしくは第二期に属するものと位置づけていた。

翌一九四二年一月末、日本軍はマレー半島・英領西ボルネオをほぼ制圧。二月一五日には東南アジアにおけるイギリス最大の根拠地シンガポールを占領した。

また、米領フィリピンでも、一月初旬にマニラが陥落。バターン半島に後退して抗戦した在フィリピン米軍も四月初旬には降伏した。真珠湾への奇襲攻撃によって、アメリカ太平洋艦隊は中核となる戦艦群に大打撃を受け、当面本格的な作戦行動はほとんど不可能となっていたのである。

蘭印に対しては、当初石油関連施設の破壊を恐れた日本政府は、交渉による進駐を希望したが蘭印側が拒否し、一月一一日、攻撃が開始された。

二月中旬、日本軍は蘭印有数の油田地帯パレンバン(スマトラ島)を空挺部隊の奇襲によって確保。その前後、他の油田地帯も同様に確保した。油井関連施設は蘭印側による大きな破壊を受けることなく日本側の管理下に入った(石油精製設備は一部破壊)。三月一日には蘭印攻略部隊主力がジャワ島攻撃を開始し、五日には首都バタビアを占領、七日には蘭印軍を降伏させた。

英領ビルマへも対米英開戦直後から侵攻に着手し、三月八日には首都ラングーンを占領、五月末までには、ほぼビルマ全域を制圧した。

また、一月二三日、ラバウル上陸をはたし、同地域を占領した。田中は、このラバウル上陸により、「太平洋正面」における「第一段作戦」は一段落しつつあると判断していた。

ただ、「南方要域攻略」の第一段作戦は、ビルマ作戦の完了までと予定されていた。

海軍の早期決戦論に不安

その後の「第二段階」への転移について、田中は、その方向を「不敗体制の確立」に置くか、「太平洋方面の早期決戦」とするか、「大陸および印度洋正面の作戦」に置くか、その判断が重大な問題だと考えていた。

その上で、海軍側には「太平洋正面早期決戦」の機運が台頭しつつあるとみて警戒していた。また田中は、「豪州」に対する陸軍中央の強硬な発言は「政治的ジェスチャア」であり、陸軍としては「豪州作戦は考えあらず」としている。陸軍は、オーストラリアへの侵攻は想定していなかったのである（田中「大東亜戦争作戦記録」其二）。

この間、同年（一九四二年）二月頃から、今後の戦争指導の基本方向が検討された。陸軍は、南方作戦が一段落した段階で戦略的守勢に転じ、南方圏域の防備を固めるとともに資源の開発と国力の増強に努め、長期持久戦態勢を整えるべきだとの考えだった。

海軍は、真珠湾の大勝によって早期決戦論に傾斜し、攻勢作戦を続行してアメリカ海軍に決定的な打撃を与えようとしていた。それによる早期講和を期待していたのである。開戦直前まで海軍も大枠では陸軍と同様の考えだった。だが、真珠湾での米太平洋艦隊戦艦群の壊滅という大戦果から連合艦隊の発言力が増大し、その攻勢作戦続行論に引きずられたといえる。

田中は、「勝利に幻惑する太平洋正面の攻勢」は危険があると警告していた（田中「大東亜戦争作戦記録」其三）。

戦後の回想では、このころの海軍の「豪州・布哇《ハワイ》を目標とする攻勢作戦」には一抹の不安をもっていたとしている（同右）。

田中作戦部長らはこう判断していた。国力において優位に立つアメリカは、太平洋において一時的に戦局が不利となっても、早期講和に応ずることはありえない。必ず戦備を立て直し全体的な戦局が有利となるまで戦争を継続するだろう、と。

すなわち、日本海軍が短期決戦を挑んだとしても、アメリカを屈服させることは不可能であり、長期持久戦となることは避けられない。イギリスを屈服させない限りは、アメリカの継戦意志を喪失させることはできず、対米講和の可能性はない。そうみていたのである。武藤ら軍務局も同様の見方だった。

山本五十六の早期講和論

ちなみに、山本五十六連合艦隊司令長官は、田中作戦部長と同様、日本が優勢な状態となっても、アメリカは自国に有利となるまで戦争を継続し、長期戦になると考えていた。だが、田中と異なり、ドイツがイギリスを屈服させることは、可能性絶無の非現実的想定だとみていた。したがって、対米開戦決定後は、日本単独でアメリカの継戦意志を喪失させ、早期講和に持ち込むしかないと考えていた。それには、アメリカ海軍を早期に壊滅させ、「米国海軍及び米国民をして救うべからざる程度にその志気を阻《そ》喪《そう》せしむる」（及川古志郎海相宛山本五十六書簡）必要があると判断していた。それによってアメリカの継戦意志を喪失させ、講和を実現しようというのである。

だがそのような考え方は、もともと大本営陸海軍部の戦争指導方針とは全く異なるものだった。したがって、真珠湾攻撃成功による海軍での連合艦隊の発言力の増大は、その後の日本の戦争指導を混乱に陥れることになる。

なお、田中作戦部長は、一方で、海軍の短期決戦論に対しては、戦略的守勢による長期持久戦態勢の確立を主張。他方で、対ソ戦に慎重な軍務局の長期戦論に対しては、対ソ武力行使を意図して戦争の短期決着を主張するなど、議論を使い分けていた。しかし、基本的に対米戦そのものは長期化するとみていた。

こうしたなかで、一九四二年（昭和一七年）三月四日、陸海軍部局長会議が開かれた。出席者は陸軍から武藤軍務局長、田中作戦部長、海軍から岡軍務局長、福留繁作戦部長の四人だった。海軍側は、「真珠湾大勝」の勢いに乗じ太平洋正面において「攻勢姿勢」をとることを主張した。これに対して陸軍側は、「戦略追撃」の目標として「豪州ないし布哇」を選び「敵主力」を求めて「決戦」を強《し》いんとする海軍の考えは危険だとして同意しなかった。部局長レベルでの両者の戦争指導方針には、このような相違があった（田中「大東亜戦争作戦記録」其三）。

三月七日、大本営政府連絡会議が開かれ、第一回の「今後採るべき戦争指導の大綱」が採択された。陸軍と海軍の方針が分かれたままでの決定だった。

そこでは、占領地域における需要資源の開発、海上輸送路の確保など「長期不敗の政戦態勢」を整えつつ、機を見て「積極的の方策」を講ず、とされた。陸軍の長期持久戦態勢整備論と海軍の積極的攻勢論の両論を取り入れたかたちとなったのである。

だが、田中は、海軍側の太平洋正面での「海上攻勢作戦」が今後の戦争指導の「決定的な指導力」となる虞れがあると危惧していた（同右）。

武藤軍務局長の解任

その翌月の四月八日、突如、武藤軍務局長が解任される。

武藤は、近衛第二師団長としてスマトラに転任。後任の軍務局長には、東条に近い佐藤賢了軍務課長（統制派系）が就いた。田中は、この武藤の転任について、「感慨真に無量なり」との感慨を記している。そして、東条陸相らによるこの人事について、「果たして適切なりというるか」と疑問を呈している（田中「大東亜戦争作戦記録」其四）。

武藤転任の事情については、様々な見方がある。武藤は、東条内閣は開戦内閣であり、開戦後の戦争遂行はもっと広範な国民層に基礎をもった別の内閣でやるべきだ、との意見を周囲に漏らしていた。そのことが東条に知られ、軍務局長解任のうえ、南方戦線に飛ばされたのではないかとの観測が有力である。

この頃、東郷外相より陸軍に「独ソ調停の機会はないのか」との申し入れがあった。これに対して田中は、「枢軸側全般の戦争指導上、却って有害となる」として断っている。また、杉山参謀総長との間でも、独ソ間に「和平をもたらしうべしとは考えられない」し、むしろ「有害」だとの判断で意見一致している（同右）。ドイツにとって対ソ戦は東方植民地獲得のため絶対に必要な戦争だったのである。

ところで田中は、対米持久戦に際しては、中国のみならず、東南アジアをも支配下に置き、その資源や経済力を利用して長期持久戦を続け、その間、当該地域の陸軍は「現地自活」「自給自足」のかたちで占領体制を維持する必要があるとしていた。そもそもこれは石原莞爾の考えであり、その影響を受けたものだった。しかし、「現地自活の政策」については、美山要蔵編制動員課長から、往々にして「徴発と掠奪」を混淆《こんこう》し「民心離反」の原因となるとの報告を受け、何らかの対応を考えねばならなかった（同右）。

ミッドウェー作戦に同意

一方、四月中旬、海軍からミッドウェー作戦の提議がなされた。これに田中ら陸軍作戦部は「警戒的」な態度を示した。「太平洋侵攻作戦」はもはや限界に達しありと判断していたからである。だが、その後、「米機による帝都空襲」の衝撃から考えを変え、作戦実施を容認することとなった（同右）。

四月一八日、米陸軍機が空母を利用して東京・名古屋などを空襲した。この衝撃により、陸軍作戦部はミッドウェー作戦に同意したのである。

また、海軍は、四月初旬ごろから、FS作戦（米豪連絡遮断のための作戦）を計画していた。これについて田中は、戦域があまりにも拡大しすぎるとして、あまり乗り気ではなかった。

「対豪工作」は、軍事的脅威を背景とする「非軍事的手段」によるべきと考えていた。東条陸相も同様だった（田中「大東亜戦争作戦記録」其五）。

この頃から田中は、さきの「世界戦争の前途に関する判断」における「大東亜戦争」の第二期、すなわち西亜（西アジア）・ソ連を中心とする陸戦およびインド洋戦の時期と考えていたようである。第一段階である西南太平洋の攻略作戦の時期を終えたとの判断からだった。

日中戦争自力解決と独ソ調停

一九四二年五月下旬頃、田中は中国戦線の将来についての情勢判断を行い、「支那関係の解決」を「大東亜戦争」の終結以前に終えることが「切要」だとし、「重慶屈服」のため陸軍兵力の強化が必要だと主張している。そのためには重慶に対する「武力屈服作戦」を採用し、蔣介石を「亡命」に追い込まなければならないと考えていた（同右）。太平洋戦争が終結する前に中国国民政府を屈服させる必要があるとみていたのである。

かつては日中戦争の解決は対英米戦争の一環としてのみ実現しうるとの見解だったが、対米開戦後のこの時期には、日中戦争の単独自力解決論に傾斜してきたといえる。

また同時期、北方武力行使の問題について、「対ソ処理」の機会が著しく遠ざかりつつあり、「北方問題を解決する好機」を摑むことは「至難」となりつつあると判断していた（田中「大東亜戦争作戦記録」其六)。

六月初旬、田中は、枢軸側の戦争指導について再検討し、「独ソ調停」を戦争指導の一環として取り上げる必要があるとしている(同右)。四月に東郷外相より独ソ和平問題の提議がなされた時には消極的だったが、この頃には独ソ戦の長期化により、独ソ調停に積極的な姿勢に変化していた。ドイツを全力での英本土侵攻に向けさせるためだった。

ミッドウェー敗戦の衝撃

ところが、同年(一九四二年)六月五日、ミッドウェー海戦において、三隻の米空母艦載機によって、日本側は最精鋭の正規空母四隻を撃沈される。短期決戦方針による海戦での予想外の大敗北だった(沈没は、赤城、加賀、蒼龍、飛龍)。

田中はその時の衝撃を次のように記している。


「ミッドウェー敗戦の第一報来る。……思いもかけぬ大敗北。太平洋の覇業潰《つい》えたり。……日本空母の最精鋭、赤城、加賀、蒼龍、飛龍の四隻がアメリカ太平洋艦隊艦載機の攻撃を受け、いずれも撃沈の悲運にあった。……ミッドウェー基地攻撃のため離艦したわが艦載機は、帰る母艦を失い、あるものは海上に漂着する。わが艦艇はこれを救助しつつあるが、一般の情勢は破局的な悲劇である。……連合艦隊主力は反転退却中である。……有意優秀なる空中勤務者の殆ど全部を失った痛手は絶大である。」（同右）

田中にとって、ミッドウェー海戦での敗北は、「大東亜戦争」の行方に暗雲をもたらすものだった。

直後に田中は部下の高山信武に次のような作戦上の注意を与えている。今後の「海上輸送」については、「陸上航空部隊」による防空圏を設定し、その「援護下」に行動すること。「敵海空部隊」の跳梁《ちょうりょう》する地域においては「沿岸航路」を選定すること。「兵站補給」はあらゆる方法を講じて物資を輸送し、「集積」しておくこと（高山『昭和名将録』）。これは制空権喪失下での兵員、戦争資材の輸送の困難化を想定してのことだった。

当時日本の保有する正規空母は六隻で、うち一隻（翔鶴）はミッドウェー直前の珊瑚海海戦ですでに大破していた。したがって、ミッドウェー海戦後しばらくは、活動できる正規空母は一隻（瑞鶴）を残すのみとなった。他の空母は、軽空母や護衛空母で、戦闘力が格段に落ちるものだった。

米側太平洋艦隊の正規空母も六隻（当初三隻。その後大西洋から三隻移動）で、珊瑚海海戦とミッドウェー海戦で各一隻を失ったが、四隻を残していた（レキシントン、ヨークタウン沈没。

エンタープライズ、ホーネット、サラトガ、ワスプが健在)。

ミッドウェー作戦は、海軍の積極的攻勢による早期決戦論に基づくもので、将来のハワイ進攻も視野に入れたものだった。したがって、戦略的守勢による長期持久態勢の確立を主張する田中ら陸軍は、当初、否定的な姿勢を示していた。だが、米空母から発進した航空機による東京空襲に衝撃を受け、計画を容認し陸軍部隊の派遣にも同意していた。太平洋北西部の哨戒・防御に不安を感じてのことだった。

このミッドウェーでの大損害によって、海軍の攻勢作戦は事実上不可能となった。また、大半の正規空母喪失による制海・制空権不安のため、陸軍の主張する長期持久態勢の維持も困難が予想された。

二、ガダルカナル島の攻防

そのような中で田中は、以後のアメリカによる「外国基地使用」を警戒するよう指摘している。具体的には、「東部ソ領」に日本攻撃のための「空軍基地」を設定すること、「支那」における「ゲリラ戦基地」をアメリカの兵器と資力によって「強化」することなどである。また、イギリス打倒に「枢軸戦力の主体」を集中することや「独ソ和平」の推進を提唱している。さらに海軍に、アメリカ潜水艦の活動を抑え込むよう、参謀総長を通じて申し入れている。南方への陸軍兵力の移送ルートを護衛するためだった（田中「大東亜戦争作戦記録」其六）。

六月下旬、田中は、ミッドウェー敗戦後の戦争指導について、「枢軸の戦力」を総合して「英国の屈服」が促進されることを第一としている。その方策として、「対濠作戦」を検討すべきとし、具体的な作戦準備を指示している。だが戦後の回想によると、この作戦構想は、「ガダルカナル作戦」の発動により完全に「未発」に終わったとのことである（田中「大東亜戦争作戦記録」其七）。

その後、田中ら参謀本部は、「英屈服」のための戦争指導の一環として、「セイロン作戦」「カルカッタ作戦」などインド洋方面での作戦を考慮しているが、これは「独伊勢力の西亜方面に対する進展」への対応を考えてのことだった（同右）。

石原莞爾の起用を進言

七月に入って、田中は、石原莞爾を「中央統帥部の要職」に起用しようとして杉山参謀総長に働きかけた。戦局がミッドウェー敗戦以後極めて困難な状況に陥っており、強力な戦争指導を必要としているとの判断によるものだった。前にも述べたように、田中はかつて石原の強い影響下にあったが、日中戦争開戦前後に意見が対立し疎隔《そかく》していた。だが再び田中は石原の力量が必要と考えるようになったのである。しかし杉山は消極的で、石原を起用するなら、むしろ前線の軍司令官への起用が良いのでは、と提案した。これは杉山が「東条・石原」両者の「悪感情」を考慮したものと、田中は推測している。結局、石原を参謀本部に迎えようとする田中の企図は実現しなかった。

田中は、近く自分が「転出」しなければならない事情が迫りつつあるとの判断もあり、石原起用を考えたようである（同右）。田中がなぜ自身の転出が近いと考えたのか語っていないが、おそらく戦争指導が、当初考えていたようには進展せず、その責任を問われるだろうと見ていたからだと思われる。

戦後の回想では、「戦局重大化の折から、国の総力を挙げて戦う以上……洞察の明に富める石原中将を起用するは当然であり、それも第一線ではなく統帥部の事実上の首班たらしめることが最も適切である」と考えたとしている（防衛庁防衛研修所戦史室『大本営陸軍部』第四巻）。

かねてから海軍は「FS作戦」の実施を考えていたが、同時期、その取りやめを決定した。ミッドウェーの敗戦によるものだった。

田中は、その後の海軍の関心がインド洋方面に向かいつつある旨を知り、「新局面の曙光」が現れ始めた、として歓迎している。

一方、「好機」に乗じて「対ソ攻撃」を行うことは、軍の現状から見て「不可能」になったと判断していた。その背景には、一九四二年、四三年には「戦争の大局」を決するとの開戦当初の方針が崩れ、今や確固たる不敗の態勢さえも出来ず、「破るるの態勢」となりつつあるとの判断があった（田中「大東亜戦争作戦記録」其七）。このように田中は、戦争の趨勢が日本に不利な方向に進んでいるとの認識を持っていた。

奪還作戦の失敗

一九四二年八月七日、突如米軍がガダルカナル島に上陸した。この事態に、陸海軍統帥部は、「偵察上陸以上のもの」とみていた。だが、これを「奪還」することは「難事」ではないとして、「即時奪還作戦」に乗り出すことで意見一致した。また連合艦隊はその海上決戦兵力の大部分を、ガダルカナル島を含むソロモン方面に出撃する準備にかかった。

この事態に田中は、海軍の方針がインド洋方面の重視から再び「太平洋重視」へと転換しつつあると危惧している（田中「大東亜戦争作戦記録」其八）。

この頃イギリスは、日本海軍のインド洋進出によって東方艦隊が大打撃を受け、インド洋の制海権を喪失するのではないかとの強い危機感をもっていた。そこでチャーチル首相はルーズベルト大統領に書簡を送り、インド洋にある日本海軍部隊を太平洋に引き戻すような性格の攻撃行動をとることを懇請した（赤木完爾「イギリスのインド洋戦略と日米戦争」『法学研究』第八九巻二号)。

米軍のガダルカナル侵攻とこのチャーチルの要請が関係しているかどうかは確認できないが、海軍のインド洋進出を望む田中ら参謀本部にとっては、海軍の関心がガダルカナル問題を契機に再び太平洋に回帰したことは少なからぬ痛手だった。田中は、海軍のインド洋進出を通じて、独伊の中近東進出と合流することによって英印遮断をはかり、イギリスを屈服させる戦略の一環にしようと策していたのである。

八月八日、連合艦隊にガダルカナル海域への出動準備が下令された。連合艦隊の意図はガダルカナル島の「奪回」のみならず、「早期決戦」をソロモン方面に求め、「敵海軍主力の撃滅の機」を摑むことにあった。またガダルカナル島の航空基地を確保し、それを対米「邀撃《ようげき》作戦」の重要拠点とすることも作戦目的の一つであった。

だが田中は、ガダルカナル島飛行場の奪回はどうしても遂行しなければならないと考えていたが、「日米海軍決戦」がソロモン海域で展開されることには「疑問」を抱いていた。「大東亜戦争指導の根本方針」として採られてきた「英国屈服の主線」から外れるからであり、ことに「印度・西亜打通作戦」を瓦解させることにつながるからであった。

また今回の米軍の動きは「本格的反攻の端緒」かもしれないと見ていた。そうだとすると米軍の本格的反攻を一九四三年と想定していた「大本営の判断」は瓦解する。そう田中は懸念している（田中「大東亜戦争作戦記録」其八）。

八月九日、第一次ソロモン海戦が行われ、日本側の勝利に終わった。だが田中は、敵輸送船の大部分を撃沈できず、日本側の主目標たる敵戦力の撃破が達成できなかったとして不安をもっていた。戦後、このことがガダルカナル島奪回作戦の「運命」に大きな狂いを生じさせたと回想している（同右）。

八月一二日、ニューギニア・ソロモン群島作戦に関する「陸海軍中央協定」が締結された。これにより、それまで海軍の作戦として遂行されてきたソロモン群島の奪回作戦は、「陸海共同責任」のもとに置かれることとなった（「田中新一中将回想録」その四）。

八月中旬、田中は、北アフリカ・中近東情勢について、独伊の北アフリカ軍に西アジア進出を期待することは出来なくなったとの判断をもつ。また、ガダルカナル島奪回作戦は連合艦隊の主力を吸収しインド洋攻略を不可能ならしめ、これにより「印度・西亜打通作戦」による英国屈服の企図は「重大頓挫《とんざ》」に直面しているという。

ガダルカナル・ソロモンへの日本海軍主力の集中は、独伊の北アフリカ作戦と日本のインド洋進出によってイギリス屈服への足がかりを作ろうとする田中ら参謀本部の世界戦略を崩壊させつつある。そう田中は認識していた（田中「大東亜戦争作戦記録」其八）。

しかもガダルカナル方面についても、十分な敵情把握が行われず、「日本軍の立ち遅れ、兵力の逐次使用」により困難な局面に立ち至っていると判断していた（「田中新一中将回想録」その四）。ガダルカナル問題は、田中にとって自身の世界戦略を揺るがす大きな問題だった。ある意味で事態はチャーチルが望んだ方向に動いていったのである。

また田中は、ドイツの「対ソ作戦指導」が「撃滅作戦」から「不敗態勢の確立」へと後退し、イラン方面への進出も「絶望」だと見ていた（同右）。

八月一三日、大本営は第一七軍司令部に対して、東部ニューギニア作戦を遂行するとともに、海軍と共同してソロモン群島の要地を奪回することを命じた。

だが、第一七軍司令部は、ガダルカナル島に、一万の地上軍をもつ米軍に対して、一〇〇〇に満たない一木支隊を投入するという統帥上の「重大過失」を犯した。これは米軍兵力を戦意の低い二〇〇〇名程度と判断したことに起因している。その原因は、日本の敵地上軍情報が全然「不完全且つ出鱈目過ぎた」ことにあると、田中は指摘している（同右）。

八月一五日、田中は、竹田宮恒徳王大本営参謀から、ガダルカナル飛行場は、なお日本軍の手にあるとの報告を受けた。だが、八月二九日、ソロモン海域での「航空消耗戦」が過酷な様相を呈し、「陸上航空基地」の得失こそがその勝敗の鍵であると知った。しかも海軍の「航空戦力」が微弱なため、戦闘機も爆撃機もガダルカナル島に進出できず、陸軍航空兵力を現地に投入する外はないと判断した。九月九日、軍令部から、ガダルカナル島方面の航空戦力の通報を受けたが、それでは同地の敵航空戦力を圧倒することは不可能だと思わざるを得なかった（同右）。

八月二一日、ガダルカナル島で一木支隊が壊滅する。田中は、その原因として、一木支隊が米軍の戦闘準備を「軽視」したことと「制空権の喪失」にあると指摘し、ことに制空権なきことが「致命的打撃」となったと強調している。その背景には海軍側の「航空勢力の微弱」があるとして、「陸軍飛行隊」を東南太平洋方面に投入する外ないとの考えに至っている。そして、それら「陸海航空兵力」の一体的使用と「統一指揮」の必要を提言している。また日本軍が航空機運用のための「陸地地上基地」を失ったことが「航空消耗戦」に陥った原因だと述べ、陸上航空基地の重要性に言及している（田中「大東亜戦争作戦記録」其一〇）。

その後、日本軍はガダルカナルに川口支隊を投入するが、大きな損害を被った。田中は、一木支隊、川口支隊の攻撃のさい、軍司令部が参謀を派遣せず敵情の「写真偵察」も実施していなかったことを問題視している。また、ガダルカナルの米軍は海兵隊一個師団だとみなしていた。

九月一五日、川口支隊は飛行場奪還に失敗したことが参謀本部に知らされる。田中らの「失望」は大きかった（同右）。

このようにガダルカナル島奪還に苦戦するなかで、田中は「満州・支那」から兵器・兵力を割いてでもソロモン地域での戦力強化を図らなければならないと考えるようになる。「東南太平洋の戦局」が激化し「決定的段階」に入っているとみていたからである。

一〇月中旬、第二師団がガダルカナルに上陸する。そのさい敵航空機の攻撃により輸送船が沈没し、兵員・資材の多数が失われた。田中にとって、「残念至極」な事態だった。その後、第二師団はほとんどの重火器を失ったため敵基地への迂回攻撃にかかろうとしたが、田中ら参謀本部は「本格的力攻」を指示した。だが、現地軍は迂回攻撃を採用した。この「意外」な事態に田中らは「衝撃」を受けている。参謀本部が現地の実情を的確に把握していなかったからだった（同右）。

重大な「違算」が露呈

一方、一〇月九日、参謀本部で作戦部と情報部による情勢判断に関する懇談会が開かれた。この席で田中は、「独ソ和平」が「西亜—印度打通作戦」実施のための絶対条件であり、独ソ和平によりドイツの戦力を他方面に転換しうる状況を作るべきだと主張した（防衛庁防衛研修所戦史室『大本営陸軍部』第五巻）。

その後も田中は、世界情勢についての分析を継続し、「世界戦争」の収拾策を検討している。その方策は、たとえば、枢軸間の協力を強化した上で、独ソ戦でソ連が屈服する場合、西アジア・インド攻略（印度・西亜打通作戦）と英本土侵攻によりイギリスが屈服する場合、独ソ和平によりドイツの英本土侵攻が実施される場合などいくつかの方策が取り上げられている。

だが、独ソ戦の長期化によるドイツの戦力への疑問や、西アジア・インド攻略の崩壊、独ソ和平の可能性の極小化などによって、いずれも実現への疑問が付されている。田中も戦争終結への見通しがほとんど立たなくなってきていたといえよう（田中「大東亜戦争作戦記録」其一〇）。

一〇月下旬、これらの世界情勢の分析から、ドイツの「勝利」や「不敗態勢の確立」に重大な「違算」が露呈し始めたと田中は記している。田中ら参謀本部は「大東亜戦争の運命」に深刻な不安を感じていた。そして、問題解決の「前提」は、ガダルカナル島奪回にかかっている、との判断だった（「田中新一中将回想録」その五）。田中がガダルカナル島奪回に固執したのは、このような観点によるものだったのである。

また同じ頃、田中は、かつては否定的だった独ソ和平問題に積極的になっていた。「日独ソ提携が必要である」との見地から「和平意図」を独ソに打診した上で、連絡者を派遣すべきことを大本営政府連絡会議にはかるべきとの意見だった（防衛庁防衛研修所戦史室『大本営陸軍部』第四巻）。

三、作戦部長解任から敗戦まで

結局、ガダルカナル問題が、戦略家田中新一の命運を決したといえる。

一九四二年一一月初頭、ガダルカナル島が完全に米軍の「制圧下」に置かれたことが明白となった。ラバウル航空隊がガダルカナル島周辺の敵機を圧倒することは不可能な状態だった。それはラバウルからガダルカナル島まで往復八時間を要し、日本側攻撃機の航続距離の関係からガダルカナルでの滞空時間が極めて限られていたからである（田中「大東亜戦争作戦記録」其一〇）。

一一月一六日、参謀本部は三七万トンの船舶増徴《ぞうちょう》を陸軍省に要求した。二〇日、閣議はこれを二九万トンと決定した。この決定に参謀本部は不満だった。その底流には、田中ら参謀本部のガダルカナル島奪回の願望があった。彼らの船舶増徴要求はそのためのものだったのである。

軍務局長を殴り東条に「馬鹿者共」

そこで田中は、陸軍省側に説明を求めた。佐藤賢了軍務局長の回想によると、彼が参謀次長官舎に赴くと、田中が船舶徴用量の政府決定に不満を述べた。田中、佐藤双方の議論の中で、

「田中作戦部長は……いきなり［佐藤を］なぐった。この暴行には私［佐藤］もちょっとおどろいたが、すぐなぐり返した。みなにひき分けられて私は帰った」とのことである（佐藤賢了『大東亜戦争回顧録』）。

翌日、田中は、閣議決定に対して、「これでは困るではないですか。ガ島をどうするのです。よし私が話をつけてきましょう」と田辺盛武参謀次長に話し、東条首相兼陸相に談判を申し入れた。その後、首相兼陸相、陸軍次官、軍務局長、人事局長、参謀次長、作戦部長の間で議論がなされた。東条首相兼陸相は、「第一部長［田中］は連絡会議の承認なき船舶処理は不当だというけれども……こんな予定外に船舶を消耗されては、政府としても賄い切れるものではない。……戦争経済が破綻する」と主張した。

田中は、東条の主張は、全く「剣もほろろ」であり、真意は「ガ島放棄」を示唆するものであり、統帥部に対する「不信」の表明だと受けとった。また、東条には「ガ島戦に対する正常な認識」が欠けており、ガダルカナル島喪失による「南太平洋防衛」の破綻が日本の「基本的長期戦争計画」に対する致命傷となることが理解できていない、と反駁しようとした。だが、その間に思わず「馬鹿者共」と暴言に近い表現を使った。

その夜半、田中は杉山参謀総長を訪ね、作戦部長の辞職を懇請した。その結果、重謹慎一五日の処分を受けた後、南方軍総司令部付に転出した（「田中新一中将回想録」其の五）。

戦争経済が維持できず

こうして田中は陸軍中央を離れた。しかしその後の陸軍には、田中のような世界的視野から戦略構想を立てうる幕僚は現れなかった。

後任の作戦部長には、第一方面軍参謀長の綾部橘樹（実務型）が就くが、間もなく作戦課長だった統制派の真田穣一郎が作戦部長に昇格した。東条陸相の意向だった。

八月から始まったガダルカナル攻防戦で、日本軍は、第七師団一木支隊、第一八師団川口支隊、第二師団、第三八師団など、約三万人の兵士を投入していた。だが、いずれも大損害を受け、ガダルカナル島の確保に失敗。また制空権を喪失したなかで大量の兵員・物資輸送船（徴用）を失い、西太平洋での資源輸送用船舶の運用にも困難を生じることとなっていた。

このような状況下で、田中はガダルカナルに大戦力を一挙に投入して、同島の奪回を図るべきだと主張した。三七万トンの船舶増徴要求はこのためだった。

田中はこう考えていた。

ガダルカナルへの米軍の来攻は、アメリカの本格的反攻に発展しつつある。ガダルカナルを失えば、そこを足場に米軍はさらに西進し、西太平洋における日本の制海・制空権を揺るがすこととなる。そうなれば南方占領地域と日本本土との輸送路を遮断されるばかりでなく、南方要域の確保そのものが困難となり、長期持久戦態勢の経済的基礎が脅かされる。そのような事態に陥れば、長期の戦争継続が不可能な状況となる。したがってガダルカナルは何としても確保しておかなければならない（松下編『田中作戦部長の証言』）。

陸海軍首脳の多くは、アメリカの太平洋方面での反攻は一九四三年（昭和一八年）以降になると想定していた。アメリカが一九四〇年に制定した両洋艦隊法による、戦艦・空母などの完成までには三～四年はかかり、反攻態勢が整うのはそれ以降になるとみていたからである。

だが田中はすでに米軍の反攻は本格的なものになりつつあると判断していた。それゆえ田中はガダルカナルの争奪戦が、日本が長期持久戦態勢を維持できるかどうかの分岐点であり、日米戦争の一つの決戦場だと考えていたのである。

そのような見地から、田中ら作戦部は、次のような作戦構想を立案し、陸海軍中央・政府に提案した。

ガダルカナル奪回のため、さらに第五一師団、第六飛行師団を派遣し、関東軍からも精鋭師団を投入する（田中は、すでに一九四二年三月、関東軍の準備が不十分との理由で、対ソ武力行使を断念していた）。同島周辺の南東太平洋戦域方面の全部隊を新たに第八方面軍に統合し、思い切った集中的部隊編成をおこなう。同島周辺に新たに防空基地の威力増強のため、満州から派遣する陸軍航空二〇〇機などを加え、陸海軍協力してガダルカナル周辺の制空権を確保する。

そのうえで、満州からも重砲二〇門、高射砲六〇門とその関係資材と人員を送るなど、一大戦力を集中的に投入。それらによる徹底した攻撃によって、ガダルカナル島の米軍を排除し、同島を確保する。総攻撃は来年一月とする。

そして、このような作戦遂行のため必要な輸送用船舶五五万トンの増徴を要求した（同右）。これは前記の三七万トンの船舶増徴を含めたものだった。

東条首相兼陸相は、ガダルカナル奪回の必要は認めた。だが、そのような膨大な戦力と輸送船舶を局所的に投入すれば、占領地域全体の防衛線の確保と戦争経済の維持にほころびが生ずると考えていた。ことに、膨大な輸送用船舶の徴用は、南方から本土への物資輸送を困難にし、戦争経済を維持する物資動員計画を崩壊させるとして、田中らの船舶増徴要求を認めず、東条は増徴船舶量に制限を付けようとした。

物資動員計画の崩壊は、戦争指導全体の破綻を意味すると判断していたからである。田中ら作戦部の要求は、東条にとって、首相として戦争システム全体の維持を考慮しなければならない立場から、とうてい受け入れがたいものだった（佐藤『大東亜戦争回顧録』）。

なお、田中は、もしこれだけの態勢でガダルカナル島奪回に失敗すれば、対米戦の長期継続は困難となり、休戦・短期講和へと向かうほかはないと考えていた（松下編『田中作戦部長の証言』）。

だが、田中罷免《ひめん》後の一九四二年（昭和一七年）一二月三一日、大本営はガダルカナル島撤退を決定。同島への総攻撃は実施されず、翌年二月上旬、撤退が完了した。

これ以後、アメリカ軍の反攻は本格化し、ガダルカナル島をめぐる攻防戦が、事実上太平洋戦争の最大の転換点となった。投入された兵士約三万に対し、撤退しえたのは約一万。戦没者は二万一〇〇〇、うち病死・餓死が一万数千人に達するという惨憺《さんたん》たる結果に終わった。

ビルマでの戦い

東条との衝突によって作戦部長を罷免された田中は、南方軍総司令部付への転出命令をうけ、シンガポールの南方軍総司令部に赴任する。その後、一九四三年（昭和一八年）三月、ビルマの第一八師団長に任命された。田中の師団長着任時、師団司令部はメーミョーにあり、「菊兵団」と呼ばれていたが、それまでの戦闘によって各大隊数十名程度にまで減耗していた。

第一八師団は、フーコン渓谷のニンビンにおいて中国軍と交戦し、補給の途絶えたまま長期持久戦を余儀なくされる。一方、第一五軍の牟田口廉也軍司令官がインパール作戦を提案した際、兵団長会合の席上で作戦の再考を促したが、牟田口は同意せず、作戦は実行に移された。

インパール作戦の失敗後の九月、田中はビルマ方面軍参謀長となった。ビルマ方面軍の主要な任務は、インパール敗戦後のビルマ方面軍の再建とビルマ南部の防衛だった。

田中はイラワジ河を防衛線として邀撃作戦をとったが、軍の戦力低下のため敗退を重ねた。方面軍司令部はラングーンにあったが、木村兵太郎方面軍司令官は、英軍の圧力を受け、南方総軍からのラングーン確保の命令を無視してモールメンに独断撤退した。田中は木村司令官の独断撤退を怒り、ラングーンに踏みとどまった(高山『昭和名将録』)。

しかし間もなく南方総軍の命令により、ラングーンを放棄し、司令部と合流した。

「戦略家」の不在

一方、欧州戦争の全般的状況をみると、独ソ戦線では、日米開戦直後からモスクワ西方でソ連の反攻が本格的に始まった。また一九四二年九月からのスターリングラード攻防戦で、ドイツ軍は決定的な敗北を喫した。これ以後、ドイツ軍は後退を重ね、独ソ戦におけるドイツ勝利の可能性はなくなっていく。

また、同年一〇月、北アフリカのエル・アラメインの戦闘で、独伊枢軸軍がイギリス軍に惨敗。一一月には、北アフリカに米英連合軍が上陸し、枢軸側のエジプト侵攻の企図は失敗に終わった。これによって、枢軸側が意図していた、スエズ運河の対英封鎖によるアジア・イギリス間の物資補給ルート遮断は不可能となった。田中の企図していた「印度洋・西亜作戦」による英国・アジア間の連絡ルート遮断もありえなくなったのである。

独ソ戦におけるドイツの敗退は、日本にとってイギリス屈服の前提とされていた、ソ連壊滅が不可能となったことを意味した。また、独伊のスエズ運河掌握の失敗によって、アジアからの物資補給ルート遮断によるイギリス弱体化の企図も挫折した。

第二次世界大戦は、アメリカにとっても、日独にとっても、イギリスをめぐる戦いだったが、これらによって日独によるイギリス屈服の可能性はなくなったのである。

開戦前の「対米英蘭戦争指導要綱」や「戦争終末促進に関する腹案」では、戦争終結の方策として、こう考えられていた。アメリカを直接武力で屈服させる方法はない。したがって、日独伊の協力によってイギリス帝国を崩壊に追いこみ、アメリカを南北アメリカ大陸に封じ込め、その継戦意志を喪失させる。それが唯一の方法だ、と。田中もそう考えていた。

だが、独ソ戦においてドイツ勝利の可能性がなくなり、イギリスを屈服させる可能性は失われた。それまで考えられてきた戦争終結の唯一の方法が消失したのである。したがって、この時点で、それに代わる戦争終結の新たな方策が必要とされる局面になっていた（『杉山メモ』）。

これまで田中は、こうした国際情勢の激変のたびに、苦しくはあるが、新たな戦略を立てつづけてきたといえる。しかし、このような状況下で、陸軍において田中や武藤章にかわって新たな政戦略を構想しうる有力な幕僚は現れなかった。

したがって東条は、それまでの構想に従って長期持久戦の方針を踏襲し、場当たり的な対処によって事態を弥縫《びほう》していく方法しかとりえなかった。

「決戦後講和」に固執

ガダルカナル撤退後の一九四三年（昭和一八年）九月二五日、大本営政府連絡会議において、第二回「今後採るべき戦争指導の大綱」が採択され、「絶対国防圏」が設定された。

一方、太平洋での戦局が不利な状況となっていくなか、同年九月、イタリアが連合国側に降伏する。

日本はドイツの矛先をイギリスに向けさせるべく、独ソ間の和平調停を両国に申し入れた。だが、ドイツ・ソ連から、ともに拒否され、独ソ和平工作は失敗に終わった。ナチス・ドイツにとって対ソ戦は、世界観戦争として絶滅戦争の様相を呈するようになっており、独ソとも絶対に和解できない状況となっていたのである。

さらに、翌一九四四年（昭和一九年）六月、米英ら連合国軍がフランス・ノルマンディーに上陸。ヨーロッパ大陸での対独反攻が本格的に始まる。

同年七月、絶対国防圏の要衝サイパン島が陥落。それによって日本本土がアメリカ長距離爆撃機の空爆範囲内に入ることとなり、本土主要都市への本格的空襲が始まった。

武藤の後任となった佐藤賢了軍務局長は、サイパン攻防戦前後から、今後の戦争指導方針について、こう考えはじめていた（佐藤は、東条に近い統制派系）。

防衛ラインを日本本土・満州・中国・沖縄・台湾・フィリピンまで縮小し、最南端のフィリピンで決戦を挑んで有利な条件で講和する、と。フィリピンまで防衛ラインを縮小すれば、南方資源地帯と本土との物資輸送路は切断され、もはや長期持久戦態勢を維持することは不可能となるからである。

だが、かつての田中作戦部長の見方からすれば、たとえフィリピンでの決戦に勝利したとしても、それによって講和締結にまでもっていくのはおよそ不可能なことだった。いったん有利な状況に持ち込んでも、国力にまさるアメリカは、再び自国に有利な状況となるまで戦争を継続するからである。

しかも現実には、大きな戦力差のもと、周到な準備のもとに進攻してくるアメリカ軍に決戦を挑み、かつ勝利することは、極めて可能性の低いことだった。

しかし、この決戦勝利後に有利な条件で講和するという、いわゆる「一撃論」の考えは、他の統制派・統制派系幕僚にも共有され、彼らはそれに固執し続けた。したがって東条もまた同様に考えていた。

このような決戦後講和の方針から、日米の戦力格差の拡大のなかで、日本陸海軍は決戦を求めては失敗し、膨大な犠牲を積み重ねることとなっていく。

東条内閣の総辞職から聖断まで

サイパン陥落後の七月下旬、東条内閣は重臣や宮中側近らによって総辞職に追い込まれる。重臣たちは、絶対国防圏の破綻後も戦争完遂を固守する東条政権に見切りをつけ、政局を転換して戦争終結の方向を模索しようと考えていた。

ただ、東条失脚後も陸軍内では、なお統制派系幕僚が主導権を握っていた。この段階では、太平洋の戦局からみても、国際情勢からみても、すでに長期的には日本の敗北が確実なのは明白だった。陸軍内では、非統制派系の戦争指導班や参謀本部情報部の一部で、ソ連を通じた早期講和が模索されていた。

だが、統制派系の陸軍中央主流派は継戦方針を変えなかった。

東条内閣総辞職後、一九四四年（昭和一九年）七月、小磯国昭内閣が成立した。

重臣たちは、もと宇垣派の小磯に、ある程度陸軍を抑えて、国策を戦争終結の方向に向けることを期待していた。だが小磯は陸軍中央幕僚をコントロールすることはできず、陸相には、彼ら幕僚の意向を尊重する杉山元が就いた。参謀総長は梅津美治郎となった。

小磯内閣は成立直後、従来の大本営政府連絡会議を、首相、陸相、海相、外相、参謀総長、

軍令部総長の六名からなる最高戦争指導会議に改組した。内閣書記官長、陸海軍軍務局長が幹事を務め、陸海軍幕僚の意見が反映する組織にかわりはなかった。

八月一九日、最高戦争指導会議で第三回「今後採るべき戦争指導の大綱」が決定された。それは、現有戦力および今後の追加戦力を結集して「敵を撃破」し、あくまで「戦争の完遂」を期する、とするものだった。陸海軍では、米軍主力との決戦地域を、日本本土・沖縄・台湾・フィリピン方面と想定し、実際にはフィリピン周辺での決戦を予想していた。

一〇月、予想どおり米軍主力は、大艦隊を擁してフィリピンに進攻してきた。日本側は、連合艦隊のほとんど全勢力を投入したが惨憺たる敗北を喫し、ここに連合艦隊は事実上消滅した。フィリピン決戦により米軍に一大打撃を与え有利な条件での講和を、との政府・陸海軍指導部の希望はもろくも潰えた。だが、陸海軍統帥部では、決戦勝利後講和の方針を改めなかった。

翌年（一九四五年）二月、陸海軍の主務担当者間で、第四回の戦争指導大綱案がまとめられた。それは、「本土決戦即応態勢を確立し、……あくまで戦争を完遂す」とするもので、明確な本土決戦方針だった。

四月一日、米軍が沖縄本島に上陸。激しい戦闘の末、六月二三日、現地日本軍の組織的抵抗は終わった。陸軍省令により、「鉄血勤皇隊」や「ひめゆり学徒隊」など少年・少女も動員され、そのほとんどが戦火に倒れた。

米軍の沖縄上陸直後の四月五日、小磯内閣が総辞職。七日、鈴木貫太郎内閣が成立した。五月七日、ドイツが無条件降伏した。

五月中旬、鈴木首相は最高戦争指導会議構成員会合（陸海軍軍務局長らの幹事を除く六名）を開催。ソ連を仲介とする和平交渉開始を申し合わせた。

また、六月八日、沖縄戦が絶望的な戦況となるなか、最高戦争指導会議で第四回「今後採るべき戦争指導の大綱」が決定された。陸海軍主務者案どおり、「あくまで戦争を完遂する」とする本土決戦方針だった。

このように軍部主流がなお本土決戦に固執するなか、重臣たちを中心に、天皇の聖断というかたちでの戦争終結方法が考えられるようになる。

その後、広島・長崎への原爆投下、ソ連の対日参戦をへて、一九四五年（昭和二〇年）八月一四日、御前会議においてポツダム宣言受諾を決定。翌一五日、終戦となった。


この間、田中は、同年五月、東北軍管区司令部付としてビルマ戦線から内地帰還の命令を受けるが、帰国途中に搭乗機が墜落。重傷のためサイゴン陸軍病院に収容された。入院中に終戦を迎え、八月二四日、帰国する。田中は東京裁判では関特演などの証人として法廷に立ったが、戦犯としての訴追から免れた。その後は、自らの回想などを発表、元外相の野村吉三郎や元海軍中将福富繁らと「土曜会」に加わり、軍事・国防の研究を続けた。

おわりに

田中新一は、太平洋戦争開戦過程において、参謀本部作戦部長として、開戦に主導的役割を果たした。最も強硬な対米英開戦論者であり、陸軍全体を開戦へと引きずっていった。その意味で、太平洋戦争開戦について最大の責任者の一人であり、歴史上軽視しえない人物といえる。しかし、A級戦犯として起訴されず、戦犯の逮捕者リストにさえ入っていない。関特演などについて証言を行っているのみである。

その理由としては、彼の発言や行動は、ほとんど陸軍中央に限られ、当時の一般国民や連合国指導部にも、それほど知名度が高くなかったことが考えられる。しかし、東京裁判での彼の扱いについての経緯は、現在でも全く分かっていない。そのためか一般の人々には作戦部長としての田中の名前は、あまり知られていない。

本書は、その田中の思想と行動を、太平洋戦争開戦過程を中心に検討したものである。また、軍事課長として陸軍省の枢要ポストにあった日中戦争前後にも言及した。

最後に、田中の世界戦略を、彼が影響を受けた石原莞爾、永田鉄山と比較してみたい。

総力戦に生き残るために

田中が日米開戦を唱えるにいたった論理は、ここまで示してきた通りであるが、田中の世界戦略が何を求めていたかをさらにさかのぼると、「総力戦の時代をいかに生き残るか」というテーマに行き着く。それは永田鉄山や石原莞爾ら陸軍のリーダーたちがいち早く直面した問題だった。

前にも述べたが、田中は満州事変前、陸軍中央の国家改造派中堅幕僚グループ「一夕会」に参加した。同じ教育総監部にいた永田鉄山からの誘いを受けたものと思われる。永田は一夕会の理論的中心人物であった。

永田は、次期世界大戦は不可避であり、大陸に死活的な権益をもつ日本も好むと好まざるとに関わらず必ず巻き込まれると考えていた。そして次期大戦は第一次大戦と同様、国家総力戦となり、それに対処するには日本も国家総動員体制を確立する必要があるとみていた。総力戦とは、国家の軍事力、経済力、政治力、文化などをすべてつぎ込む戦いである。

永田はそのような観点から、国家総動員のための種々の制度的技術的整備を図るという構想を持っていた。そのためには政界、経済界とも連携して新体制を構築する必要があると考えていた。

さらに永田が重視したのは資源の問題だった。日本には石油をはじめ第一次大戦以降の戦争に不可欠となった資源の多くが決定的に欠けていた。永田は不足する資源を中国から獲得しなければならないと判断していた。そのための一つの手段が華北分離工作であった。

このような考え方に東条英機・武藤章・冨永恭次など多くの陸軍幕僚が共感し、いわゆる統制派が形成され、その影響を受けた統制派系幕僚が陸軍中央を動かすようになっていった。

一方、世界戦争への危機意識は永田と共有しつつ、独自の戦略を描いたのが石原莞爾だった。石原は、満州事変を起こし、中国東北部の資源をまず押さえる。そこに満州国を建設し、産業、開拓民などを誘致して、総力戦体制の実験場を作ろうとした。

石原の構想は欧米軍事史研究に基づく軍事戦略的なもので、彼独特の世界最終戦論から導き出されたものだった。石原は二〇世紀最後の四半期に日米で世界最終戦がおこなわれ、日本の勝利によって世界の絶対平和がもたらされるだろうと考えていた。

また世界最終戦に至る過程で、日本がアジアの指導権を掌握し、同時にアメリカとの長期の持久戦を戦うことになると予測していた。

石原は、来たるべき日米持久戦争において、中国や東南アジアを占領し、日本軍は本土からの補給によるのではなく、資材の現地調達により自給自足のかたちで対米戦を継続するとされていた。列強による通常の植民地戦争のように、本国からの物資補給によって戦争をおこなうかたちが想定されてはいなかった。国力の面からみて、日本本土からの兵站補給で長期に戦争を継続することは不可能だと考えていたからである。日米による世界最終戦はこの日米持久戦争の後に起こるものとされていた。

そして世界最終戦において大きな国力差のあるアメリカに勝利しうるのは、将来、航空機の発達により、海軍艦艇や陸軍兵力の役割が低下し、戦争において国力が決定的な意味をもたなくなっていくとみていたからだった。前述した永田とは異なり、国力が戦争の決定的な要因になるとは考えていなかったからである。さらに石原は、ロシアの伝統的な南下政策への警戒から対ソ戦略を重視し、対ソ戦備の充実に努めた。

石原は永田と考えを同じくする部分もあり、参謀本部の要職に就いてから暫《しばら》くは統制派系幕僚と行動を共にしていたが、日中戦争の処理方針をめぐって彼らと対立し、陸軍中央を去る。関東軍に左遷されたのである。

石原から受けついだもの

先述のとおり、田中は冨永・武藤と陸士同期で、一夕会にも共に参加していた。その後、一夕会は「皇道派」と「統制派」に分裂するが、その時期、田中は関東軍に赴任しており、いずれの派閥にも属していなかった。

しかし帰国後、統制派の冨永や武藤の影響で、統制派に近い立場となり、広い意味での統制派系と目されるようになる。ことに冨永とは一緒に渡欧した関係で、親しい間柄にあり、武藤とも華北分離や日中戦争の方針などで意見を同じくし、ことに日中戦争期には軍事課長として、陸軍省で軽視しえない発言力をもつようになる。石原と対立した際にも、武藤と協力して石原の更迭を実行した。

しかし、石原を更迭し、人的なつながりは絶たれたものの、田中には、仙台幼年学校同窓で、関東軍での上司だった石原の構想に惹かれるところも残っていた。

田中は石原の考え方から、世界最終戦論、対米持久戦の方法、航空機の重視、対ソ戦備の充実など多くの観点を受けついだ。

田中は、この石原の日米持久戦争論から強い影響を受けていた。対米戦において南方地域での戦闘は現地自活すなわち現地での自給自足のかたちで遂行することが考えられていた。具体的には、インドシナ半島、マレー半島、インドネシアなどの占領地で、食料・住居などを現地調達し、自活しながら戦闘を継続することが想定されていた。石原と同様、日本の国力からみて、本土からの兵站補給で長期に戦争を継続することは不可能だと判断していたからである。加えて、田中の場合には、戦争遂行に必要な資源、ことに石油・ゴム・ボーキサイトなどを獲得し、本土に供給することが考えられていた。

航空機の役割についても、主に対米戦を念頭に注目しており、アルミニウム製機体の原料となるボーキサイトや石油、ゴムの持続的確保に力を注いだ。

対ソ戦備についても、常に対ソ戦を想定してその充実に心を砕き、北方の安定を図るとともに状況によっては極東ソ連軍を破砕しうるレベルにまで引き上げようとした。ことに独ソ戦開始後には、関特演によって北方武力行使を実行するところまで考えていた。

ただ、石原は日米持久戦が世界最終戦争に繫がっていくものと位置づけていたが、田中の場合には、必ずしもそうではなかった。田中においては、世界最終戦争の理念自体は放棄されてはいなかったが、日米戦が世界最終戦争へと連続的に接続していくものではなく、日米持久戦がそれ自体で決着し、勝敗を決するものと捉えられていた。

田中は、日中戦争の基本的性格について、「大和民族」が漢民族の「征服・統治」の第一歩を踏み出したものと位置づけていた。中国征服に乗り出したのであり、「元」や「清」の中国支配に比肩するものだと考えていたのである。石原の華北撤兵論やトラウトマン工作への批判も、このような日中戦争評価から導かれたものだった。田中の残した記録の中には様々なニュアンスの文言があるが、日中戦争への根本的な姿勢は一貫していた。

このような田中のスタンスは、石原とはもちろん、武藤ら統制派の日中戦争の位置づけとも異なっていた。

永田の後継者的存在だった武藤は、元や清のように戦争によって中国全土を完全な支配下に置こうと考えていたわけではなく、中国の資源やその経済力を日本の独占下に置くことを目的としていた。したがって、必ずしも中国そのものの植民地化や傀儡国家化を考えていたわけではなかった。

対米・対ソ両面戦争論へ

では対米戦についてはどうだったろうか。

田中の作戦部長就任後の最初の大きな仕事は、「対仏印、泰施策要綱」の策定であった。その間に田中ら作戦部は、「大東亜長期戦争指導要綱」や「対支長期作戦指導計画」を作成した。そこでは、泥沼に陥った日中戦争を、そのものとして解決することを断念し、南方進出や欧州戦争の動向と関連付けるかたちで解決しようとする方向に戦略方針を大きく旋回させていた。「対仏印、泰施策要綱」はその延長線上にあるもので、大東亜共栄圏建設の第一段階として、仏印、タイを日本の勢力下に包摂しようとするものだった。ドイツの英本土上陸作戦が延期される中で、さしあたりインドシナ半島とタイの資源を確保するとともに、そこに軍事基地や港湾施設を建設することを図ったのである。

この「施策要綱」について田中は、欧州戦争の展開に対処するための準備と考えていた。欧州の事態は世界大戦化する可能性が高いと判断し、その対応策として、仏印、タイの包摂を考えていたのである。南方進出を単に資源確保の観点のみならず、欧州情勢との関連で捉えるのは、田中独自の視点といえる。また田中はアメリカが欧州戦争に武力介入する場合には、日本も三国同盟に基づいて参戦するほかはないとみていた。この時点で、すでに対米戦を想定していたのである。

なぜ田中ははやくから対米戦を想定していたのだろうか。これ以降、田中は対米戦はできれば回避したいと考えていたにもかかわらず、陸軍のなかでも最も強硬な対米強硬論者となっていく。それはなぜだろうか。

その点について、彼自身は明確には語っていない。しかし、彼の発言や態度から総合的に判断すれば、こう考えていたのではないだろうか。

ドイツの英本土上陸が延期されたことによって、「時局処理要綱」における好機を捉えての武力南進による大東亜共栄圏の建設はさしあたり遠のいた。また、イギリスの存続による欧州戦争の膠着化とともに、アメリカの欧州戦争への武力介入の可能性が高まった。もし、アメリカが参戦すれば、ドイツと同盟関係にある日本への米英の圧力は強まり、南方地域への日本の軍事的進出にとって大きな障害となる。

だが、南方地域の資源を獲得することは日本にとって大戦を切り抜けていくためには不可欠のものである。したがって、英米、とりわけアメリカの極東政策は日本を徹底的に締め上げようとするものであり、その圧力を打破することが最も根本的な課題である。

しかもアメリカは、日本の世界戦略を支える三国同盟の当事者たるドイツの打破に力を注いでいる。このような情勢下では、国力において劣るといえども、三国同盟と日ソ中立条約の連繫によってアメリカの介入を阻止することが必要であり、それは日本にとって死活的な問題となる。

田中はこう判断していたものと思われる。それが彼が対米強硬論を主張した理由だった。

では、独ソ戦によって三国同盟と日ソ中立条約の連繫が崩壊した後も、なお対米強硬姿勢を維持し対米開戦論に急速に傾斜していったのはなぜなのだろうか。

それは、ドイツがソ連を打倒する方向で事態を切り抜けうると考えていたからである。ドイツがソ連を屈服させることができれば、三国同盟と日ソ中立条約の連繫を再建できるとみていた。田中は日独伊ソの四国の連合によれば、国力的にも戦力的にも米英に十分対抗できると判断していた。

もちろんドイツ軍が単独でソ連軍を打破することが望ましいが、日本の北方武力行使によってソ連軍の背後を突き、日独で挟撃することによってソ連の崩壊を容易にする戦略を考えていた。それが関特演であった。

だが、大陸に派遣された日本軍と極東ソ連軍との間にかなりの戦力差があり、その時点で対ソ戦に踏み切ることは困難だった。そこで独ソ戦線で困難に陥っているソ連指導部が極東ソ連軍から兵力を引き抜き、独ソ戦線に送らざるを得ない事態となり、極東ソ連軍の兵力が一定程度低下すれば、対ソ開戦は可能になると考えていた。

しかし、極東ソ連軍からの兵力西送は田中の期待通りには進まなかった。ソ連も日本の参戦を恐れていたからである。ドイツとの死闘により危機的な状況に陥っている一方で、背後から日本の攻撃を受ければ、日独によって東西両面から攻撃される事態となり、体制崩壊につながるとみていたからである。

だが、関特演実施直後に、突如アメリカは日本への全面禁輸に踏み切った。田中はそれを全く予想しておらず、北方武力行使を断念した。そこで田中は、石油獲得のため南方への武力進出の実施を決断し、対米開戦へと向かっていく。したがって、田中の南進論は、統制派系幕僚の一致した見解である南方資源獲得のためであると同時に、北方武力行使のためのものでもあった。それゆえ田中は、一定期間で南方地域を確保した後に、対ソ開戦に向かうべきことを主張したのである。

田中は、日米戦の継続中に対ソ戦争に踏み切ることも考えていた。ソ連を打倒することによって間接的にアメリカへの軍事的圧力を強化することを念頭に置いていたからである。ソ連の崩壊とそのドイツ・日本への包摂は、日独伊三国と米英との軍事バランスを同水準に回復させ、国力的にも両者がほぼ拮抗する状態となることを意味した。

しかし、石原にとって、このような米ソ両面戦争は考えられないことであった。

前にも述べたように、独ソ開戦直後、田中は独伊との同盟の維持か、それまでの方針を転換して米英との提携に踏み切るか、あらためて国策の方向を検討している。この選択は、日本にとって、いわば「最後の選択」ともいえた。

田中によれば、独ソ戦によって日独伊ソの四国提携が崩壊した以上、日独伊と英米の均衡は破れた。では米英と提携する方向に転換すれば、その結果はどうなるか。おそらく日中和平は成立し日中戦争は終わるだろう。また独伊は米英側に膝を屈するか、世界規模での長期持久戦となるだろう。いずれにせよその結果、世界は米英側の支配下に置かれる。米英にソ連、中国が加わり新たな世界秩序が構築されるだろう。その過程で日本は中国の占領地のみならず、満州、朝鮮、台湾、樺太なども吐き出させされることになり、世界の三等国となる。こう田中は考えていた。

日本の取り得た選択

では、独ソ戦が始まった時点で、日本が世界大戦を生き残る道はありえたのだろうか。

歴史の結果からみて、それは独伊から離れて米英と提携する方向しかありえなかったであろう。この点について近年このような見方が提示されている。

「侵略を捨て、凍結〔禁輸〕を解除させ……枢軸国から離脱し、ことによれば第一次大戦時と同様、連合国側に加わるという方法も〔日本には〕あったのではないか。そうなれば、〔第二次〕大戦後はアジア各地の植民地は手放すにしても、世界に伍する海軍と有り余る資産を擁し、産業の近代化への意欲に満ちたアジア最強の大国となっていただろう。」（エドワード・ミラー『日本経済を殲滅せよ』）

武藤章が追求した「対米戦回避」を推し進めていったとしたら、あるいは、そのような可能性があったかもしれない（川田稔『武藤章』）。

しかし、このような方策をとったとしても、現実には米英が日本に「世界に伍する海軍」と「有り余る資産」を擁する国として大戦後も生き残ることを許したかどうかは疑問といわざるをえない。

たとえ三国同盟を離脱し中国大陸から全面的に撤退したとしても、そのこと自体で英米が日本をソ連や中国より優位に扱うことはなかっただろう。中国は日中戦争で多大な犠牲を払っており、ソ連もまた日独伊防共協定や三国同盟、関特演などで大きな脅威を受けていた。中国、ソ連は米英と提携し日独と戦争状態にあり、米英にとって中ソの意向は軽視し得ないものだったからである。日本が「世界に伍する海軍」と「有り余る資産」を持つ国として戦後も存在し続けることは中ソには脅威であった。したがってそのような日本の存在は、米英にとって受容可能でも、中ソにとっては受け入れがたいものだったろう。その点では、田中の見通しにも一定の説得力がある。

では、日本が中ソにも受容される道はなかったのだろうか。それが日本国民にとって結果として良かったかどうかはともかくとして、一応考えておくことは歴史研究として意味の無いことではないだろう。

もし、そうだとすると、当時の状況において英米と提携する方向で中ソにも受容されうるものとして取りえた道は、以下のようなものだったのではないだろうか。

それは、日本海軍が大規模な艦艇を大西洋に派遣し、対独伊攻撃に参加させ、日本陸軍を独ソ戦線に大量に投入し、ソ連軍と協力してドイツ軍を直接攻撃する。このような欧州戦争への本格的参戦は、陸海軍将兵、ことに陸軍将兵には多大の犠牲者を出すだろう。だが、このような軍事的犠牲によってのみ、先のような戦後の日本の存在を米英のみならず中ソにも受容しうるものとなしえたのではないだろうか。

繰り返しになるが、そのことが当時の、さらには将来の日本国民にとって、より良い選択といえるのかどうかは、また別個に考察すべきものと思われる。

あとがき

二〇二五年（令和七年）八月一五日で、太平洋戦争終戦八〇年を迎える。

田中新一は、陸軍の作戦部長として、対米開戦を強硬に主張し、太平洋戦争への道を主導した人物である。その意味で、彼こそ太平洋戦争開戦に実質的な責任を負うべき者だといえる。東条英機の戦争責任はいうまでもないことであるが、開戦へと東条を動かした陸軍内部の圧力の中心にいたのが田中だった。

ところが、田中新一の存在は、一般にはほとんど知られていない。本書は、田中新一の作戦部長時代を中心に、その前後の時期にもふれながら、彼の思想と行動を検討したものである。

田中の唱えた日米開戦論、さらには対米・対ソ同時戦争論は、今日の眼からは暴論としか思えないだろう。しかし、それは永田鉄山、石原莞爾らの総力戦論を引き継ぐものでもあった。

永田、石原ともに、中国を、日本が自由に（制約なく）資源、産業基盤、市場、そして軍事拠点として利用できることが、日本型総力戦体制の大前提と考えた。当然、それは中国ナショナリズム（その最も有力な担い手が蔣介石）の激しい抵抗を受ける。そこで日中戦争となっていく。

ここで田中に、「中国を、清や元のように、日本が支配する」という発想が生じる。これは永田、石原には無いものだった。しかも、本論のなかでも検討したように、田中は総力戦のための「東亜新秩序」は米英中ソのみならず、同盟国の独伊からも賛同を得られないものである、という認識も持っていた。

世界戦争という未曾有の危機的国際環境のなか、日本の選択は次第に失われていった。作戦部長としての田中の苦闘と決断が、そのなかで生じたことは忘れてはならないだろう。国際社会が軍事的にも不安定化しつつある現在、田中の試行錯誤とその失敗を検討してみることは、今後の日本にとって示唆するところが少なくないのではないだろうか。

なお、引用文は、読みやすさを考慮して、旧漢字、旧仮名づかいを現行のものに、一部の漢字をひらがなにするなど、適宜書き改めてある。また、カタカナ文は、すべてひらがな文とし、句読点も一部加除してある。

最後に、本書の編集を担当していただいた文藝春秋編集委員の前島篤志さんに、心からお礼を申し上げたい。前島さんには、前著『武藤章』に続いてお世話になり、有益なご助言をいただくなど、力を尽くしていただいた。あらためて感謝の意を表したい。

二〇二四年冬

川田　稔

参考文献（主要なものに限る）

一、田中新一関係

田中新一『大戦突入の真相』、元々社、一九五五年。

松下芳男編『田中作戦部長の証言』、芙蓉書房、一九七八年。

「参謀本部第一部長田中新一中将業務日誌」、防衛省防衛研究所所蔵。

田中新一「支那事変記録」、防衛省防衛研究所所蔵。

田中新一「大東亜戦争への道程」、防衛省防衛研究所所蔵。

田中新一「大東亜戦争作戦記録」、防衛省防衛研究所所蔵。

「田中新一中将回想録」、防衛省防衛研究所所蔵。

田中新一「石原莞爾の世界観」『文藝春秋』一九六五年二月号。

田中新一「日華事変拡大か不拡大か」『別冊知性』第五号、一九五六年。

二、同時代の記録

金原節三『陸軍省業務日誌摘録』前編、現代史料出版、二〇一六年。

「真田穣一郎少将日記」、防衛省防衛研究所所蔵。

「澤本頼雄氏手記」、防衛省防衛研究所所蔵。

「嶋田繁太郎大将備忘録」、防衛省防衛研究所所蔵。

伊藤隆・廣橋眞光・片島紀男編『東條内閣総理大臣機密記録』、東京大学出版会、一九九〇年。

伊藤隆・塩崎弘明編『井川忠雄日米交渉史料』、山川出版社、一九八二年。

伊藤隆編『高木惣吉　日記と情報』、みすず書房、二〇〇〇年。

川田稔編『永田鉄山軍事戦略論集』、講談社選書メチエ、二〇一七年。

原田熊雄述『西園寺公と政局』全九巻、岩波書店、一九五〇—五六年。

『現代史資料』第三四・三五・三六・三八・三九巻「太平洋戦争」、みすず書房、一九六八—七七年。

『続・現代史資料』第四巻「陸軍　畑俊六日誌」、みすず書房、一九八三年。

軍事史学会編『大本営陸軍部戦争指導班機密戦争日誌』全二巻、錦正社、一九九八年。

参謀本部編『杉山メモ』全二巻、原書房、一九六七年。

『日本外交文書　日独伊三国同盟・日ソ中立条約』、外務省、二〇一二年。

『日本外交文書　日米交渉』全二巻、外務省、一九九〇年。

木戸日記研究会編『木戸幸一日記』全二巻、東京大学出版会、一九六六年。

極東国際軍事裁判所編『極東国際軍事裁判速記録』、大蔵省印刷局、一九四六—四八年。

三、回想類

岩畔豪雄『昭和陸軍謀略秘史』、日本経済新聞出版、二〇一五年。

石井秋穂『石井秋穂大佐回想録』、厚生省引揚援護局、一九五四年。

石井秋穂「昭和十六年前半期の最高国策の補正」、防衛省防衛研究所所蔵。

石井秋穂「昭和十六年後半期の最高国策の補正」、防衛省防衛研究所所蔵。

井本熊男『作戦日誌で綴る大東亜戦争』、芙蓉書房、一九七九年。

大橋忠一『太平洋戦争由来記』、要書房、一九五二年。

加瀬俊一『ドキュメント　戦争と外交』全二巻、読売新聞社、一九七五年。

『木戸幸一政治談話録音速記録』、国立国会図書館専門資料部、一九九七年。
近衛文麿『失はれし政治』、朝日新聞社、一九四六年。
近衛文麿『平和への努力』、日本電報通信社、一九四六年。
斎藤良衛『欺かれた歴史』、読売新聞社、一九五五年。
佐藤賢了『東条英機と太平洋戦争』文藝春秋新社、一九六〇年。
佐藤賢了『大東亜戦争回顧録』、徳間書店、一九六六年。
佐藤賢了『軍務局長の賭け　佐藤賢了の証言』、芙蓉書房、一九八五年。
上法快男編『軍務局長武藤章回想録』、芙蓉書房、一九八一年。
『鈴木貞一氏談話速記録』、日本近代史料研究会、一九七四年。
高山信武『参謀本部作戦課の大東亜戦争』、芙蓉書房出版、二〇〇一年。
高山信武『昭和名将録』、芙蓉書房、一九七九年。
高山信武『二人の参謀　服部卓四郎と辻政信』、芙蓉書房出版、一九九九年。
種村佐孝『大本営機密日誌』、芙蓉書房、一九七九年。
東郷茂徳『時代の一面』、中公文庫、一九八九年。
富田健治『敗戦日本の内側』、古今書院、一九六二年。
西浦進『昭和戦争史の証言』、原書房、一九八〇年。
西浦進『昭和陸軍秘録』、日本経済新聞出版社、二〇一四年。
牧達夫「軍の政治関与と国内情勢」、防衛省防衛研究所所蔵。
武藤章『比島から巣鴨へ』、実業之日本社、一九五二年。
森松俊夫編『参謀次長沢田茂回想録』、芙蓉書房、一九八二年。

四、研究書・一般向け図書

アントニー・ベスト著、武田知己訳『大英帝国の親日派』、中央公論新社、二〇一五年。

相澤淳『海軍の選択』、中央公論新社、二〇〇二年。

朝日新聞法廷記者団『東京裁判』、東京裁判刊行会、一九六二年。

ジョナサン・G・アトリー著、五味俊樹訳『アメリカの対日戦略』、朝日出版社、一九八九年。

荒川憲一『戦時経済体制の構想と展開』、岩波書店、二〇一一年。

石井寛治『帝国主義日本の対外戦略』、名古屋大学出版会、二〇一二年。

一ノ瀬俊也『東條英機』、文春新書、二〇二〇年。

伊藤隆『昭和十年代史断章』、東京大学出版会、一九八一年。

伊藤隆『近衛新体制』、中公新書、一九八三年。

伊藤之雄『昭和天皇伝』、文藝春秋、二〇一一年。

井口武夫『開戦神話』、中央公論新社、二〇〇八年。

E・H・カー著、富永幸生訳『独ソ関係史』、サイマル出版会、一九七二年。

大木毅『独ソ戦』、岩波新書、二〇一九年。

鹿島平和研究所編『日本外交史』第二一・二二・二三巻、鹿島研究所出版会、一九七〇―七三年。

加藤陽子『戦争まで』、朝日出版社、二〇一六年。

川田稔『昭和陸軍全史』全三巻、講談社現代新書、二〇一四―一五年。

川田稔『武藤章』、文春新書、二〇二三年。

北岡伸一編『国際環境の変容と政軍関係』、中央公論新社、二〇一三年。

イアン・ニッシュ、細谷千博監修『日英交流史』全五巻、東京大学出版会、二〇〇〇―〇一年。

近代日本研究会編『昭和期の軍部』、山川出版社、一九七九年。

工藤章・田嶋信雄編『日独関係史』全三巻、東京大学出版会、二〇〇八年。

デビッド・M・グランツ、ジョナサン・M・ハウス共著、守屋純訳『［詳解］独ソ戦全史』、学習研究社、二〇〇三年。

黒野耐『帝国国防方針の研究』、総和社、二〇〇〇年。

近藤新治編『近代日本戦争史』第四編「大東亜戦争」、紀伊國屋書店、一九九五年。

塩崎弘明『日英米戦争の岐路』、山川出版社、一九八四年。

ロバート・シャーウッド著、村上光彦訳『ルーズヴェルトとホプキンズ』全二巻、みすず書房、一九五七年。

ウィリアム・L・シャイラー著、松浦伶訳『第三帝国の興亡』全五巻、東京創元社、二〇〇八年。

須藤眞志『日米開戦外交の研究』、慶應通信、一九八六年。

高宮太平『昭和の将帥』、図書出版社、一九七三年。

茶谷誠一『昭和戦前期の宮中勢力と政治』、吉川弘文館、二〇〇九年。

茶谷誠一『昭和天皇側近たちの戦争』、吉川弘文館、二〇一〇年。

筒井清忠『近衛文麿』、岩波書店、二〇〇九年。

手嶋泰伸『昭和戦時期の海軍と政治』、吉川弘文館、二〇一三年。

手嶋泰伸『統帥権の独立』、中公選書、二〇二四年。

戸部良一ほか『失敗の本質』、中公文庫、一九九一年。

富田武『戦間期の日ソ関係』、岩波書店、二〇一〇年。

永井和『日中戦争から世界戦争へ』、思文閣出版、二〇〇七年。

中村菊男『昭和陸軍秘史』、番町書房、一九六八年。

日本国際政治学会太平洋戦争原因研究部編『太平洋戦争への道』全八巻、朝日新聞社、一九六二―六三年。

野村実『太平洋戦争と日本軍部』、山川出版社、一九八三年。

秦郁彦『旧日本陸海軍の生態学』、中央公論新社、二〇一四年。

波多野澄雄『「大東亜戦争」の時代』、朝日出版社、一九八八年。

波多野澄雄『幕僚たちの真珠湾』、朝日新聞社、一九九一年。

波多野澄雄『太平洋戦争とアジア外交』、東京大学出版会、一九九六年。

服部聡『松岡外交』、千倉書房、二〇一二年。

服部卓四郎『大東亜戦争全史』、原書房、一九九三年。

林茂・辻清明編『日本内閣史録』全六巻、第一法規出版、一九八一年。

ロバート・J・C・ビュートー著、木下秀夫訳『東条英機』全二巻、時事通信社、一九六一年。

平井友義『三〇年代ソビエト外交の研究』、有斐閣、一九九三年。

平澤是曠『開戦　大本営陸軍部・道産子幕僚たちの苦悩』、北海道新聞社、一九九三年。

クラウス・ヒルデブラント著、中井晶夫・義井博訳『ヒトラーと第三帝国』、南窓社、一九八七年。

ハーバート・ファイス著、大窪愿二訳『真珠湾への道』、みすず書房、一九五六年。

福田茂夫『アメリカの対日参戦』、ミネルヴァ書房、一九七六年。

藤原彰『太平洋戦争史論』、青木書店、一九八二年。

古川隆久『昭和天皇「理性の君主」の孤独』、中公新書、二〇一一年。

古川隆久『昭和戦中期の議会と行政』、吉川弘文館、二〇〇五年。

古川隆久『ポツダム宣言と軍国日本』、吉川弘文館、二〇一二年。

防衛庁防衛研修所戦史室『大本営陸軍部』全一〇巻、朝雲新聞社、一九六七―七五年。

防衛庁防衛研修所戦史室『関東軍』全二巻、朝雲新聞社、一九六九―七四年。

防衛庁防衛研修所戦史室『支那事変陸軍作戦』全三巻、朝雲新聞社、一九七五年。

防衛庁防衛研修所戦史室『大本営陸軍部　大東亜戦争開戦経緯』全五巻、朝雲新聞社、一九七三―七四年。

防衛庁防衛研修所戦史室『大本営海軍部　大東亜戦争開戦経緯』全二巻、朝雲新聞社、一九七九年。

保阪正康『昭和陸軍の研究』全二巻、朝日新聞社、一九九九年。

保阪正康『東條英機と天皇の時代』、ちくま文庫、二〇〇五年。

細谷千博編『日英関係史』、東京大学出版会、一九八二年。

細谷千博・斎藤真・今井清一・蠟山道雄編『日米関係史・開戦に至る十年』全四巻、東京大学出版会、一九七一―七二年。

細谷千博・本間長世・入江昭・波多野澄雄編『太平洋戦争』、東京大学出版会、一九九三年。

前田啓介『昭和の参謀』、講談社現代新書、二〇二二年。

松浦正孝『「大東亜戦争」はなぜ起きたのか』、名古屋大学出版会、二〇一〇年。

松岡洋右伝記刊行会編『松岡洋右　その人と生涯』、講談社、一九七四年。

三宅正樹『スターリン、ヒトラーと日ソ独伊連合構想』、朝日新聞社、二〇〇七年。

三宅正樹・秦郁彦・藤村道生・義井博編『昭和史の軍部と政治』全五巻、第一法規出版、一九八三年。

三宅正樹・庄司潤一郎・石津朋之・山本文史編『検証太平洋戦争とその戦略』全三巻、中央公論新社、二〇一三年。

エドワード・ミラー著、金子宣子訳『日本経済を殲滅せよ』、新潮社、二〇一〇年。

参考文献

三輪公忠『松岡洋右　その人間と外交』、中公新書、一九七一年。
三輪公忠・戸部良一編『日本の岐路と松岡外交』、南窓社、一九九三年。
三輪宗弘『太平洋戦争と石油』、日本経済評論社、二〇〇四年。
森山優『日米開戦の政治過程』、吉川弘文館、一九九八年。
森山優『日本はなぜ開戦に踏み切ったか』、新潮社、二〇一二年。
矢部貞治『近衛文麿』、読売新聞社、一九七六年。
山本智之『日本陸軍戦争終結過程の研究』、芙蓉書房出版、二〇一〇年。
義井博『日独伊三国同盟と日米関係』、南窓社、一九八七年。
吉田裕『アジア・太平洋戦争』、岩波新書、二〇〇七年。
吉田裕・森茂樹『アジア・太平洋戦争』、吉川弘文館、二〇〇七年。

川田　稔（かわだ みのる）

1947年高知県生まれ。1978年、名古屋大学大学院法学研究科博士課程単位取得退学。法学博士。専門は政治外交史、政治思想史。名古屋大学大学院教授などを経て、名古屋大学名誉教授、日本福祉大学名誉教授。著書に『武藤章　昭和陸軍最後の戦略家』『木戸幸一　内大臣の太平洋戦争』（ともに文春新書）、『昭和陸軍の軌跡』（中公新書、山本七平賞受賞）、『昭和陸軍全史』（講談社現代新書）など多数。

文春新書

1482

陸軍作戦部長《りくぐんさくせんぶちょう》　田中新一《たなかしんいち》
なぜ参謀《さんぼう》は対米開戦《たいべいかいせん》を叫《さけ》んだのか？

2025年1月20日　第1刷発行

著　者　　川　田　　稔
発行者　　大　松　芳　男
発行所　株式会社　文　藝　春　秋

〒102-8008　東京都千代田区紀尾井町 3-23
電話（03）3265-1211（代表）

印刷所　　理　想　社
付物印刷　大　日　本　印　刷
製本所　　大　口　製　本

定価はカバーに表示してあります。
万一、落丁・乱丁の場合は小社製作部宛お送り下さい。
送料小社負担でお取替え致します。

ISBN978-4-16-661482-0

◆日本の歴史

渋沢家三代　佐野眞一
古墳とヤマト政権　白石太一郎
謎の大王　継体天皇　水谷千秋
謎の豪族　蘇我氏　水谷千秋
謎の渡来人　秦氏　水谷千秋
継体天皇と朝鮮半島の謎　水谷千秋
女たちの壬申の乱　水谷千秋
教養の人類史　水谷千秋
昭和史の論点　坂本多加雄・秦 郁彦・半藤一利・保阪正康
あの戦争になぜ負けたのか　半藤一利・保阪正康・中西輝政・戸高一成・福田和也・加藤陽子
日本のいちばん長い夏　半藤一利編
昭和陸海軍の失敗　半藤一利・秦 郁彦・平間洋一・保阪正康・黒野 耐・戸高一成・戸部良一・福田和也
昭和の名将と愚将　半藤一利・保阪正康
日本型リーダーはなぜ失敗するのか　半藤一利
「昭和天皇実録」の謎を解く　半藤一利・保阪正康・御厨 貴・磯田道史
大人のための昭和史入門　半藤一利・船橋洋一・出口治明・水野和夫・佐藤 優・保阪正康他

21世紀の戦争論　半藤一利・佐藤 優
なぜ必敗の戦争を始めたのか　半藤一利
歴史探偵　忘れ残りの記　半藤一利
歴史探偵　昭和の教え　半藤一利
歴史探偵　開戦から終戦まで　半藤一利
昭和史の人間学　半藤一利
令和を生きるための昭和史入門　保阪正康
近代日本の地下水脈Ⅰ　保阪正康
十七歳の硫黄島　秋草鶴次
山県有朋　伊藤之雄
指揮官の決断　早坂 隆
永田鉄山　昭和陸軍「運命の男」　早坂 隆
ペリリュー玉砕　早坂 隆
日本人の誇り　藤原正彦
天皇陵の謎　矢澤高太郎
児玉誉士夫　巨魁の昭和史　有馬哲夫
遊動論　柳田国男と山人　柄谷行人
火山で読み解く古事記の謎　蒲池明弘

邪馬台国は「朱の王国」だった　蒲池明弘
「馬」が動かした日本史　蒲池明弘
文部省の研究　辻田真佐憲
古関裕而の昭和史　辻田真佐憲
大日本史　山内昌之・佐藤 優
日本史のツボ　本郷和人
承久の乱　本郷和人
権力の日本史　本郷和人
北条氏の時代　本郷和人
日本史を疑え　本郷和人
黒幕の日本史　本郷和人
明治天皇はシャンパンがお好き　浅見雅男
江戸のいちばん長い日　安藤優一郎
江戸の不動産　安藤優一郎
姫君たちの明治維新　岩尾光代
日本史の新常識　文藝春秋編
秋篠宮家と小室家　文藝春秋編
美しい日本人　文藝春秋編

日本プラモデル六〇年史 小林 昇
仏教抹殺 鵜飼秀徳
お寺の日本地図 鵜飼秀徳
仏教の大東亜戦争 鵜飼秀徳
昭和天皇 最後の侍従日記 小林 忍＋共同通信取材班
内閣調査室秘録 志垣民郎 岸 俊光編
木戸幸一 川田 稔
武藤章 川田 稔
「京都」の誕生 桃崎有一郎
平治の乱の謎を解く 桃崎有一郎
皇国史観 片山杜秀
11人の考える日本人 片山杜秀
昭和史がわかる ブックガイド 文春新書編
遊王 徳川家斉 岡崎守恭
大名左遷 岡崎守恭
東條英機 一ノ瀬俊也
信長 空白の百三十日 木下昌輝
感染症の日本史 磯田道史

徳川家康 弱者の戦略 磯田道史
磯田道史と日本史を語ろう 磯田道史
平安朝の事件簿 繁田信一
小林秀雄の政治学 中野剛志
婆娑羅大名 佐々木道誉 寺田英視
経理から見た日本陸軍 本間正人
戦前昭和の猟奇事件 小池 新
インパールの戦い 笠井亮平
東京の謎《ミステリー》 門井慶喜
歴史・時代小説教室 安部龍太郎 門井慶喜 畠中 恵
お茶と権力 田中仙堂
明治日本はアメリカから何を学んだのか 小川原正道
歴史人口学で見た日本〈増補版〉 速水 融
小さな家の思想 長尾重武
日中百年戦争 城山英巳
極秘資料は語る 皇室財産 奥野修司
装飾古墳の謎 河野一隆
家政婦の歴史 濱口桂一郎

大人の学参 まるわかり日本史 相澤 理
増補版 藤原道長の権力と欲望 倉本一宏
紫式部と男たち 木村朗子

◆世界の国と歴史

完全版 ローマ人への質問　塩野七生
歴史とはなにか　岡田英弘
常識の世界地図　21世紀研究会編
食の世界地図　21世紀研究会編
新・民族の世界地図　21世紀研究会編
カラー新版 地名の世界地図　21世紀研究会編
カラー新版 人名の世界地図　21世紀研究会編
フランス7つの謎　小田中直樹
一杯の紅茶の世界史　磯淵　猛
新約聖書Ⅰ　新共同訳 佐藤　優解説
新約聖書Ⅱ　新共同訳 佐藤　優解説
佐藤優の集中講義 民族問題　佐藤　優
池上彰の宗教がわかれば世界が見える　池上　彰
新・戦争論　池上　彰 佐藤　優
大世界史　池上　彰 佐藤　優
新・リーダー論　池上　彰 佐藤　優

グローバルサウスの逆襲　池上　彰 佐藤　優
独裁者プーチン　名越健郎
韓国併合への道 完全版　呉　善花
侮日論　呉　善花
韓国「反日民族主義」の奈落　呉　善花
イスラーム国の衝撃　池内　恵
グローバリズムが世界を滅ぼす　エマニュエル・トッド ハジュン・チャン 柴山桂太・中野剛志・藤井聡・堀茂樹
「ドイツ帝国」が世界を破滅させる　エマニュエル・トッド 堀　茂樹訳
シャルリとは誰か？　エマニュエル・トッド 堀　茂樹訳
問題は英国ではない、EUなのだ　エマニュエル・トッド 堀　茂樹訳
老人支配国家 日本の危機　エマニュエル・トッド
第三次世界大戦はもう始まっている　エマニュエル・トッド 大野　舞訳
トッド人類史入門 西洋の没落　エマニュエル・トッド 片山杜秀・佐藤　優
中国4・0　エドワード・ルトワック 奥山真司訳
戦争にチャンスを与えよ　エドワード・ルトワック 奥山真司訳
日本4・0　エドワード・ルトワック 奥山真司訳
ラストエンペラー習近平　エドワード・ルトワック 奥山真司訳
世界最強の地政学　奥山真司

リーダーシップは歴史に学べ　山内昌之
地経学とは何か　船橋洋一
地政学時代のリテラシー　船橋洋一
大学入試問題で読み解く「超」世界史・日本史　片山杜秀
ベートーヴェンを聴けば世界史がわかる　片山杜秀
戦争を始めるのは誰か　渡辺惣樹
第二次世界大戦 アメリカの敗北　渡辺惣樹
韓国を支配する「空気」の研究　牧野愛博
金正恩と金与正　牧野愛博
知立国家 イスラエル　米山伸郎
「中国」という神話　楊　海英
独裁の中国現代史　楊　海英
ジェノサイド国家中国の真実　于田ケリム 楊　海英
人に話したくなる世界史　玉木俊明
16世紀「世界史」のはじまり　玉木俊明
トランプ ロシアゲートの虚実　小川　聡 東　秀敏
世界史の新常識　文藝春秋編
ヘンリー王子とメーガン妃　亀甲博行

コロナ後の世界 ジャレド・ダイアモンド ポール・クルーグマン リンダ・グラットン マックス・テグマーク スティーブン・ピンカー スコット・ギャロウェイ 大野和基編

コロナ後の未来 ポール・ナース ユヴァル・ノア・ハラリ カタリン・カリコ リンダ・グラットン リチャード・フロリダ スコット・ギャロウェイ イアン・ブレマー 大野和基編

パンデミックの文明論 ヤマザキマリ 中野信子

盗まれたエジプト文明 篠田航一

歴史を活かす力 出口治明

世界一ポップな国際ニュースの授業 藤原帰一 石田衣良

悲劇の世界遺産 井出 明

シルクロードとローマ帝国の興亡 井上文則

いまさら聞けないキリスト教のおバカ質問 橋爪大三郎

プーチンと習近平 独裁者のサイバー戦争 山田敏弘

ウクライナ戦争の200日 小泉 悠

終わらない戦争 小泉 悠

大人の学参 まるわかり世界史 津野田興一

大人の学参 まるわかり近現代史 津野田興一

ウクライナ戦争はなぜ終わらないのか 高橋杉雄編著

中国「軍事強国」への夢 劉 明福 峯村健司監訳 加藤嘉一訳

教養の人類史 水谷千秋

◆政治の世界

民主主義とは何なのか 長谷川三千子

司馬遼太郎 リーダーの条件 半藤一利・磯田道史 鴨下信一他

自滅するアメリカ帝国 伊藤 貫

新しい国へ 安倍晋三

日本に絶望している人のための政治入門 三浦瑠麗

あなたに伝えたい政治の話 三浦瑠麗

政治を選ぶ力 橋下 徹 三浦瑠麗

日本の分断 三浦瑠麗

国のために死ねるか 伊藤祐靖

田中角栄 最後のインタビュー 佐藤 修

日本よ、完全自立を 石原慎太郎

内閣調査室秘録 志垣民郎 岸 俊光編

軍事と政治 日本の選択 細谷雄一編

兵器を買わされる日本 東京新聞社会部

県警VS暴力団 藪 正孝

地方議員は必要か NHKスペシャル取材班

知事の真贋 片山善博

政治家の覚悟 菅 義偉

小林秀雄の政治学 中野剛志

枝野ビジョン 支え合う日本 枝野幸男

検証 安倍政権 アジア・パシフィック・イニシアティブ

安倍総理のスピーチ 谷口智彦

統一教会 何が問題なのか 文藝春秋編

シン・日本共産党宣言 松竹伸幸

私は共産党員だ！ 松竹伸幸

なぜ日本は原発を止められないのか？ 青木美希

中国「戦狼外交」と闘う 山上信吾

池田大作と創価学会 小川寛大

◆考えるヒント

ちょっと方向を変えてみる　辻　仁成
フェミニズムってなんですか？　清水晶子
小さな家の思想　長尾重武
日本人の真価　藤原正彦
日本の伸びしろ　出口治明
ソーシャルジャスティス　内田　舞
70歳からの人生相談　毒蝮三太夫
柄谷行人『力と交換様式』を読む　柄谷行人ほか
初めて語られた科学と生命と言語の秘密　松岡正剛　津田一郎
福田恆存の言葉　福田恆存
疑う力　真山　仁
定年後に読む不滅の名著200選　文藝春秋編
運　安田隆夫

◆サイエンスとテクノロジー

世界がわかる理系の名著　鎌田浩毅
「大発見」の思考法　山中伸弥　益川敏英
ねこの秘密　山根明弘
ティラノサウルスはすごい　土屋　健　小林快次監修
アンドロイドは人間になれるか　石黒　浩
マインド・コントロール　岡田尊司
サイコパス　中野信子
首都水没　土屋信行
水害列島　土屋信行
植物はなぜ薬を作るのか　斉藤和季
超能力微生物　小泉武夫
フレディ・マーキュリーの恋　竹内久美子
猫脳がわかる！　今泉忠明
ウイルスVS人類　瀬名秀明・押谷　仁　五箇公一・岡部信彦・河岡義裕　大曲貴夫・NHK取材班
がん治療革命　ウイルスでがんを治す　藤堂具紀
ゲノムに聞け　中村祐輔
妊娠の新しい教科書　堤　治
AI新世　人工知能と人類の行方　小林亮太　篠本　滋　甘利俊一監修
お天気ハンター、異常気象を追う　森さやか
スパコン富岳の挑戦　松岡　聡
分子をはかる　藤井敏博
メタバースと経済の未来　井上智洋
半導体有事　湯之上隆
チャットGPT vs. 人類　平　和博
日本百名虫　フォトジェニックな虫たち　坂爪真吾
日本百名虫　ドラマティックな虫たち　坂爪真吾
テクノ・リバタリアン　橘　玲
脳は眠りで大進化する　上田泰己

文春新書のロングセラー

磯田道史
磯田道史と日本史を語ろう
日本史を語らせたら当代一！ 磯田道史が、半藤一利、阿川佐和子、養老孟司ほか、各界の「達人」を招き、歴史のウラオモテを縦横に語り尽くす
1438

エマニュエル・トッド 大野 舞訳
第三次世界大戦はもう始まっている
ウクライナを武装化してロシアと戦う米国によって、この危機は「世界大戦化」している。各国の思惑と誤算から戦争の帰趨を考える
1367

阿川佐和子
話す力
心をつかむ44のヒント
初対面の時の会話は？ どう場を和ませる？ 話題を変えるには？ 週刊文春で30年対談連載するアガワが伝授する「話す力」の極意
1435

牧田善二
認知症にならない100まで生きる食事術
認知症になるには20年を要する。つまり、30歳を過ぎたら食事に注意する必要がある。認知症を防ぐ日々の食事のノウハウを詳細に伝授する！
1418

橘 玲
テクノ・リバタリアン
世界を変える唯一の思想
とてつもない富を持つ、とてつもなく賢い人々が蝟集するシリコンバレー。「究極の自由」を求める彼らは世界秩序をどう変えるのか？
1446